U0890068

黄金白银T+D

中长线投资攻略

罗应杰　吕超 | 著

SPM

南方出版传媒

广东经济出版社

·广州·

图书在版编目（CIP）数据

黄金白银T+D中长线投资攻略／罗应杰，吕超著．—广州：广东经济出版社，2017.9
ISBN 978-7-5454-5601-1

Ⅰ．①黄… Ⅱ．①罗… ②吕… Ⅲ．①黄金市场-投资-基本知识②银-投资-基本知识Ⅳ．①F830.9

中国版本图书馆CIP数据核字（2017）第169512号

出 版 人：姚丹林
责任编辑：周晶　毛一飞
责任技编：许伟斌
装帧设计：介　桑

黄金白银T+D中长线投资攻略
Huangjin Baiyin T+D Zhongchangxian Touzi Gonglue

出版发行	广东经济出版社（广州市环市东路水荫路11号11~12楼）
经销	全国新华书店
印刷	广东省农垦总局印刷厂 （广州市天河区棠东路横岭三路11~13号）
开本	787毫米×1092毫米　1/16
印张	12.5
字数	164 000字
版次	2017年9月第1版
印次	2017年9月第1次
印数	1~5 000
书号	ISBN 978-7-5454-5601-1
定价	45.00元

如发现印装质量问题，影响阅读，请与承印厂联系调换。
发行部地址：广州市环市东路水荫路11号11楼
电话：（020）38306055　37601950　邮政编码：510075
邮购地址：广州市环市东路水荫路11号11楼
电话：（020）37601980　营销网址：http://www.gebook.com
广东经济出版社新浪官方微博：http://e.weibo.com/gebook
广东经济出版社常年法律顾问：何剑桥律师

序 Preface

自从国内首部实战型白银投资图书《白银投资技巧实战篇》系列出版之后，引发了一股阅读贵金属投资图书的热潮。该书迅速畅销的表现，带动了国内关于贵金属投资著作出现倍增的效应，这也反映了贵金属市场越来越受国人重视。

但是纵观这些后续出版的图书，还是摆脱不了一直以来的束缚，仍然只是属于两类教材——第一类是传统的教科书型，以不厌其烦的基础知识为主要内容；第二类是标新立异型。对于第一类图书，说实在的，读者在百度上完全可以找到更齐全的基础知识；对于第二类图书，标新立异带有创新的成分，但可惜大多仅停留在标新立异的表面层，因为其核心理念和技术经不住市场和时间的考验。创新，不是凭空发明新的事物出来，而是经过严谨的研究、实践、总结得出实用的成果。

病菌的成长其实跟市场的成长非常相似：病菌因为药物治疗次数的增多，就会逐渐引发抗体，从而导致药物功效逐渐失效。人类不得不研制更高级的药物，而更高级的药物又造就出更高级的病菌。随着分析技巧逐渐升级，市场生存的守护神——“二八法则”也逐渐产生对应的“噪声”。

因此，分析方法都有它的生命周期，评定一种分析方法不是看“有没有用”，而是看“是否还处在生命期”，它的“生命周期够不够顽强”。很多中药的生命周期都很长，历经几千年不衰。强大的分析技术也应从根本下手，只有那些反映市场根本结构的分析技术，才不会被市场淘汰，才可以经久不衰。

笔者的理念是这样的：对于个人投资者来说，不用掌握全部的技术。把其中一种（一个体系）用“精”就足够了。一种技术（一个体系）要是达到用“精”的层次，包括掌握非常多种情况的归纳，甚至包括一些盘面直觉。如果要把一种用“精”级别的技术或体系完整地介绍出来，恐怕一本书的篇幅是远远不够的。

本书选择以一般深入的方式来介绍若干种行情分析技术的方式。一方面，这是为了应读者所需，提供多种技术以供不同风格的投资者借鉴——不同类型的投资者对同一种技术的运用效果可能相去甚远，所以多种分析技术的介绍可以让投资者最终找到符合自己风格的技术，然后长期实践和成长。另一方面，要把一种技术（一个体系）用“精”，不能一蹴而就，只能在长期实践中把握。《易经》有云：“取法乎上，仅得乎中；取法乎中，仅得其下。”意思是：用别人的方法，即使是上等的方法，你也只能收到中等的效果；用中等的方法，你只能收到下等的效果。即使用文字和实例讲解得再详细，也无法取代实践带来的实在成长。

这里还有另一个原因：

APG资产管理公司投资经理安德鲁·俞在谈到他的投资分析经验时说过：“我不认为有长期有效的技术信号。”不单是技术分析，也包括基本面分析在内的整个分析技术体系，每一种分析技术都只是适用于一个或者若干个时期，这个时期过后，它就会失效。但是一些强大的分析技术在经过若干个周期之后，它又会重现光芒。这就是分析技术的周期性。在拥有一项专精技术的基础上，多掌握一两种技术可以让你的市场适应能力异于常人。

谁要是告诉你他的分析技术是百分百的真理，那只能是百分百的荒谬。分析和交易都是一种实践，而不是一门科学。伟大的导师列宁同志在遗嘱里说："社会主义到今天，归根结底还是一种实践。"社会主义尚且是一门实践，何况只是一项分析技术呢？分析和交易的最终评定标准是绩效，而不是道理。

那么，到底应该怎么学呢？第一，要学习规律。第二，要寻找盘感。

规律，来自于历史走势。把你学到的技巧认认真真地在历史走势里面验证它，方可以转化为属于自己的理性规律。盘感，来自于实盘，实盘和复盘是完全不同的两种人性角度的体验，只有在实盘中不断磨炼，才能找到实实在在的感性直觉。

毛主席曾经说过："感觉到的东西，我们并不能很好地理解它；只有深刻理解的东西，才能更好地去感觉它。"当你身经百战后再来看这本书，才能把感性上升到理性的角度，再反过来指导实践。这样，你将会收到最好的成效。

作为在贵金属市场浸淫了十余年的投资和分析人士，我们一直抱以一个美好的愿望：那就是在中国贵金属市场不断发展的大背景下，我们能够与广大贵金属投资者一起在不断的实践中，逐渐成长起来；在残酷的"二八法则"下，我们的读者能够长期生存于这个市场，直至成为贵金属投资市场的佼佼者。这正是我们挑灯夜战，不遗余力地写作贵金属投资系列的真正动力源泉。

《黄金白银T+D投资攻略》系列丛书内容安排：

《黄金白银T+D中长线投资攻略》在判断趋势和判断行情技巧这两方面的基础上展开，重点介绍如何在贵金属市场中，特别是在T+D

市场中做好最重要的中长线投资决策。通过掌握判断行情趋势和行情属性，让自己立于不败之地。

《黄金白银T+D短线投资攻略》从纯粹的技术分析角度诠释如何有效地寻找关键位置和进出场机会，在稳健的中长线投资基础上，通过相对较小仓位的多次短线交易，以实现利润更大化。

罗应杰　吕　超

2017年1月20日

价格运行的本质

价格运行的本质是什么？价格运行是所有市场参与者活动总和的反映。

多数技术派投资者认为，技术分析可以预测价格运行。换句话说，就是技术在指引着价格运行。但事实上并非如此。事实是，技术在指引着它的使用者。正常情况下，越多人使用的技术，这项技术得到的一致强化越强，朝着这种技术分析所得的交易信号就越多人执行，价格就容易朝着这种指引运行。例如交易清淡期（美盘午盘时段）就是最好的体现：这个时段基本上只有专业的个人操盘手在操作，所以震荡指标得到一致强化，行情往往呈现出非常规则的微观震荡行情。所以就会给人一种错觉：技术在指引价格运行。

但是一定要分清楚，这是正常情况下。很多时候，价格的运行并不是处于正常情况下。之所以大多数中国投资者都在亏钱，就是因为中国投资者最喜欢的是震荡行情。因此震荡行情大多发生在中国人不交易的时段，包括睡眠时段、T+D 交易软件停盘时段；其余的发生在激烈的单边行情之后，也就是在多数人终于下定决心追涨杀跌的时候。当然，也有出现在人们已经习惯震荡行情的时期，不过这往往已经是暴风雨的前夕。

价格运行并不是技术指引的后果，技术指引的后果是部分投资者的交易行为，这只是价格运行的一部分。

基本面交易者占很大的一个群体，所以在强大的基本面面前，基于基本面性质的交易方向也会得到很大的一致强化。

基本面也不是直接指引价格运行，基本面指引的是部分投资者的交易行为，这也只是价格运行的一部分。

而两者加起来，也不是价格运行的全部。

因此，技术派总会遇到技术无法解释的价格运行情况，基本派也总会遇到与基本面指引反着走的价格运行情况。甚至，还会出现两者都无法解释的情况。

这是因为，市场始终是以“二八法则”的方式生存的。对于影响因素复杂的黄金市场以及关联的贵金属市场，很多基本面都具有两面性。即使再明朗的基本面，市场参与者的理解也会存在分歧，这种分歧还会在媒体的渲染下被放大，大多数投资者对基本面的理解是很不坚定的。“二八法则”就是体现在少数有智慧的人群利用这种一致强化来赚取多数投资者的钱。例如只要动用较大的资金，在一瞬间打破这种一致强化预期，就会引起普通市场参与者的分歧，甚至动摇而执行了反向操作。当然，这种手法不会经常做，只需要间歇性地做。这样有利于一般投资者保持不坚定的状态，从而让这种方法可以持续使用。

对于技术分析方面，也是同样的道理。因为技术分析也很容易出现分歧，一个最简单的例子就是趋势指标和震荡指标，这两大类指标就经常出现分歧，这种现象技术派都不会陌生。

因此，别再天真地以为有某种，甚至某些技术可以洞悉一切价格运行。面对投资市场，没有绝对正确的方法，只有相对更有效的方法，或者生命周期更长的方法。

止损，再强调一百遍也不为多。官方一点来讲，是预防突发基本面或者不规则行情的出现；非官方一点来讲，就是预防那些少数人群智慧人群的突击；不客气一点儿来说，就是承认自己的愚昧——有一句经典格言是这么说的：人类最愚昧之处，就是不肯承认自己的愚昧。

很多人遇到止损错误的情况，这再正常不过。交易策略有成功率，止损同样也有成功率。区别在于，止损的成功率要明显比策略的成功率高。因为止损只是基于位置，与方向无关，而交易策略则要同时考虑两个方面。如果你曾经因为止损而蒙受巨大损失，那只能说明，你的止损功力——太差了。

目录 Contents

第一部分

投资交易的真谛

第一章　从这一刻起，认识全新的投资交易完整过程

- 1. 行情分析四部曲
  - 判断趋势
  - 判断属性
  - 寻找关键位置
  - 寻找进出场机会
- 2. 交易三部曲
  - 仓位管理
  - 交易心理
  - 交易系统

第二章　交易技巧：比一切分析技巧都管用

- 1. 有些人掌握很多分析技巧，但就是不赚钱
  - 格局决定财富
  - 为什么选择风险投资？
  - “试试看”心态必然失败
- 2. 交易技巧的核心内容
  - 首先，要生存
  - 技巧是一种心理境界
  - 良好的习惯

技术分析，特别是形态学的发明是基于股市的，是从股市自身的特质出发。股市的参与者是某个国家、某个地区、某个领域的一类相似的投资者，参与者具有较大的局限性，影响的消息单一，从而影响的周期结构也单一。另外，操纵主力的数量也少。当这种理论运用到外汇市场的时候，就开始出现一定程度的“不适”。当运用到更加复杂的贵金属市场的时候，这种“水土不服”的现象就愈发明显。而在依托贵金属市场，加上特定交易机制的T+D市场，更是可想而知。

在贵金属市场中，黄金市场不仅是全球、全时段市场，市场参与者的覆盖面更远不止各种虚拟交易者。影响金市的大部分都是间接消息，影响机理相对复杂、可影响的方面也很多，所以影响的周期结构也相对复杂。最后，作为全球市场，各种虚拟交易领域与实物交易领域都存在为数甚多的主力，最终构成的操控规律也相当复杂。

而其他三种贵金属的情况就更加复杂，一方面它们与黄金市场关联，另一方面它们自身属性又决定了它们不可能高度跟随黄金市场的步伐。作为黄金市场的兄弟市场，白银市场一方面要在微观上跟上黄金市场，另一方面商品属性强于货币属性，很多时候与黄金市场呈现出微妙的不同步发展。铂金市场是与黄金市场走势最相似的一个市场，它的步伐介乎黄金与白银之间，但是一旦出现主力搅局的时候，铂金市场就会走出独立走势，即在局部时段完全不受黄金价格走势制约。钯金市场是目前交易量最清淡的一个市场，平时的波动幅度一般都不及其他三个市场。正因如此，钯金市场是最容易操控的，一旦发生大型行情的时候，钯金往往是最耀眼的明星。

虽然T+D市场目前只有黄金和白银，但由于交易时间还没实现24小时连续，每天三次的行情断点导致技术形态与国际市场明显不同步，这给技术分析提出的难题就更大了。

既然在贵金属市场里，在T+D市场里，技术分析远不是全部，那么我们需要学习掌握的是什么呢?

第一章 从这一刻起，认识全新的投资交易完整过程

投资交易的过程不就是简单的一进一出吗？

为什么说“不完整的投资交易过程总会出问题”呢？

在你决定了解投资真谛之前，你要有心理准备，对你最有用的内容将与你期望知道的内容完全不符，这些内容没有吸引力，很枯燥，很容易让人放弃。只有真正成熟的交易者，才会把它们当作宝藏。

传统的投资教材或者是相关的投资图书都花了很大篇幅去介绍行情分析的基本面分析和技术分析方面内容，但大部分都只是停留在表面的“介绍”层面。花大部分的篇幅介绍基本面的分类，介绍经济数据的定义，剩下小部分的篇幅用于举几个实际上很难遇到的完美的例子，而里面实际上所有的分析方法都是服务于同一个目标，那就是何时进场交易而已。

先不说交易过程远不止简单的一进一出，更不用说单单“何时进场”这一小方面，就行情分析的各种方式之间的关系就很少有教材或者分析图书提及。

造成的结果就是，大多数的投资者都是抓住一种或者很少的几种方式指导着自己的整个交易过程（除了无可奈何的被套时段），失效几次之后就去找书上另外一种或者几种方法，或者索性去买新的书，找自己认为新书上有效的方法，如此不断循环……

很多交易了数年的投资者都还是处于一种迷糊的状态，他们仍然未想过去厘清交易和分析过程的思路，他们的每一次交易都仍然是在碰运气，比刚入门的投资者没强多少。

对于认为“我只是普通投资者，我没有太多的时间花在投资上”的普通投资者，他们的交易和分析过程往往非常简单，甚至说单一，他们的决策往往就只在一道消息或者一个技术信号上。而对于企图从投资领域里洞悉“必胜方法”而不懈努力的投资者来说：他们往往关注很多方面，如交易和分析的过程（特别是分析的过程），他们关注每一道消息，他们技术图上的指标多得让人头昏目眩。

因此，在本书展开介绍各方面内容之前，首先要给大家厘清和明确交易过程的整个思路，这个思路简要、明确，不单薄但也不会繁复，而且每

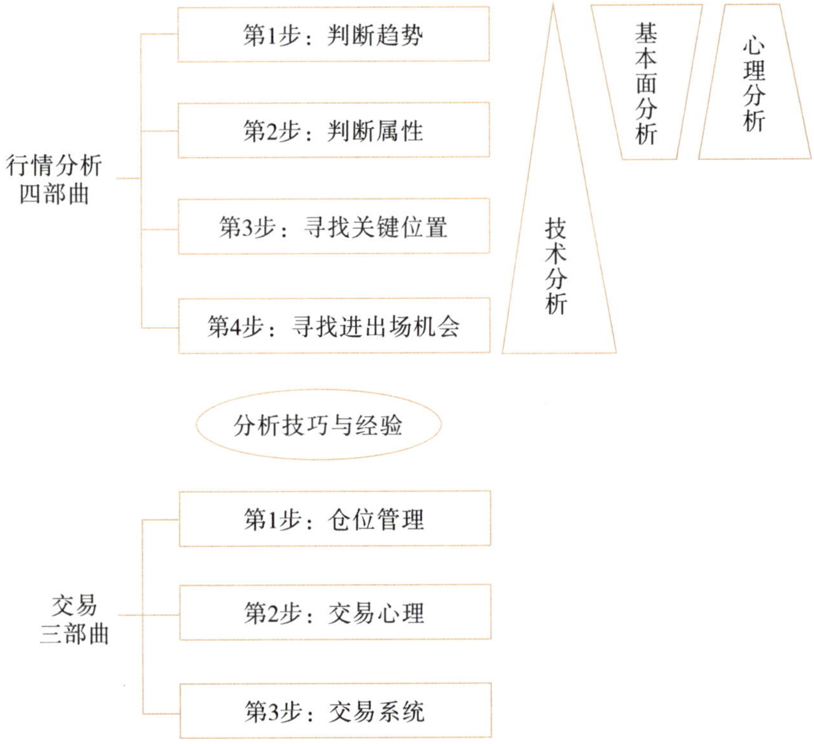

图1－1　分析与交易的精髓

一步都明确了使用各个范畴知识之间的关系。能盈利的交易过程不一定是彻底完整的，但是能长期稳定盈利的交易过程至少是接近完整的，不完整的投资交易过程总会出问题。

整个交易过程总体分为行情分析和交易两部分，如图 1－1 所示，这是笔者定义的行情分析四部曲和交易三部曲。对于有一年以上投资经验的投资者来说，这两者之间还有很重要的一点，就是行情分析的技巧与经验，这是与投资新手之间的一个很大的区别，也是经验投资者应有的一大优势。

第一节　行情分析四部曲

第一步：判断趋势

判断趋势是行情分析的第一步，判断趋势是展开其他分析的前提。很多投资者并没有理解趋势的意义，往往与方向混为一谈。趋势和方向有着实质性的差别，在前面系列丛书的《白银投资技巧实战篇》中有详细阐述过，趋势是指市场在一段时期内的总体倾向，方向影响短线交易的随机波动。

图 1－2 所示的是近十年来最辉煌的一段走势，作为经典案例，我们可以清晰地看到趋势与方向的本质区别。对于短线交易来讲，因为基本上每一天都有两个方向的波动，所以无论做多还是做空，都有机会获利。但是从图 1－2 我们可以看到，在多头趋势当中，做多的进出场比做空的要明显来得简单，做多的盈利空间也明显大于做空。即使对比交易中最差的情况，至少做多是不会被套。所以，判断趋势是行情分析的大前提。

其实这个道理早已家喻户晓。绝大部分的投资者，无论是刚入门的投

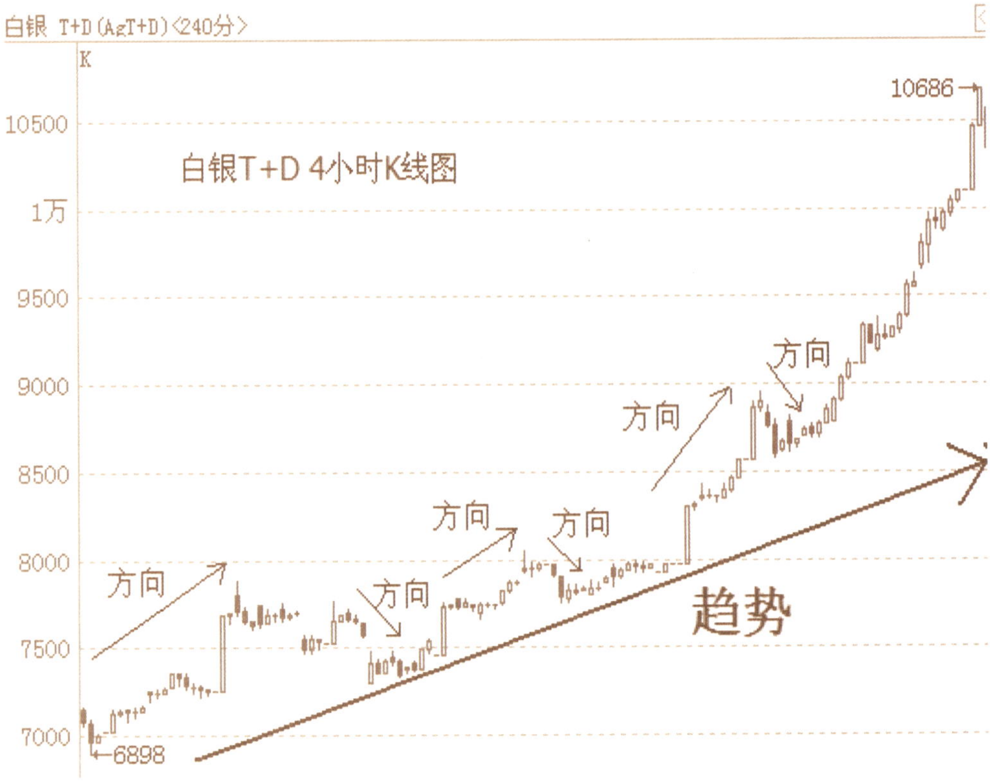

图 1－2　趋势与方向的区别

资者，还是有数年经验的投资客，都知道要“顺势而为”，他们每天都会去竭尽心力去获知当时的趋势。然而事实是，市场大多数的投资者在亏损。那就说明，“顺势而为”只是一句废话，谁都知道要顺势而为，但是在预测趋势上却无能为力。因为，趋势是无法预测的。操作上，我们只能去跟随；分析上，我们只能去假设。

假设并不是指随机的假设，而是通过一些有效的方法，去判断出一个大概率的趋势。判断趋势的方法可以通过基本面分析，也可以通过市场心理分析，甚至可以借助技术分析。

在判断趋势方面，这是基本面分析发挥最大作用的战场，心理分析也可以有效地帮助判断趋势，而技术分析在判断趋势方面的方法比较少，虽然也可以，但这并不是技术分析的主战场。

先来看如何用基本面分析方法判断趋势。在《白银投资技巧入门篇》里已经详细介绍过影响贵金属走势的基本面因素可以归为四大类：地缘政治因素、经济因素、金融因素、实物供求因素。很多学习过行情分析的投资者都知道基本面可分为这四大类，但是在实际分析过程中却不知道如何处理各种因素间的关系，仍然停留在根据即时新闻去判断多空影响的阶段。这距离发挥基本面分析的真正作用实在太远了。基本面分析要做得好，在深度和广度两个方面都要兼顾：深度是指当天或者近期的消息面要掌握全面，广度则是指不能光是关注近期的基本面，而要把近期和前期的基本面在时间跨度上联系在一起。

而在此之前，首先还要弄明白一个很重要的关系，就是四大类基本面之间的层次关系。

图 1－3 是四大类基本面因素的层次关系图。基本面的基础层次关系并不是什么新理论，在很多传统教材中都有介绍从地缘政治因素，到经济因素，到金融因素，到实物供求因素的影响力从强到弱的关系。这种关系本身并没有问题，但是不全面，缺乏四大因素的影响持久力方面的层次关系。而笔者提出的蛋糕模型正是把四大因素的这两种层次关系形象地描绘出来。

图 1－3　四大类基本面因素的层次关系

四大因素的关系就像一个四层的蛋糕，四者客观同时存在，四者之间存在层次关系，但是互不包含。越是顶层的蛋糕，越容易被吃到，但是也越容易被吃完。越是底层的蛋糕，越不容易被吃到，也越耐吃。所以，同样的，越是处于底层的因素，越是不容易被市场重视，但是它的影响范围也越大，影响时间也越持久；而越是上层的因素，越受市场重视，影响力也越大，但也相对短暂。

地缘政治因素处于最顶层，也就说地缘政治的影响力最大，但影响的时间最短。经济因素的影响力仅次于地缘政治因素，但是影响的时间较地缘政治因素要长。实物供求因素处于最底层，是四大类基本面中影响力最小的，但是影响的持久力最强。金融因素的影响持久力仅次于实物供求因素，而影响力比实物供求因素强。

因此，当你的交易计划周期越长，就要关注越长期的影响因素。例如，中长期的交易就需要优先关注金融因素，而超长期的交易就要关注实物供求因素。而对于中短期投资，就要按地缘政治因素—经济因素—金融因素—实物供求因素的顺序去分析基本面环境。例如，有重要的地缘政治方面的基本面出现时，就要紧盯这个基本面，经济因素和金融因素可以放在次要地位；而当地缘政治方面没有有影响力的事件出现时，这时候就要优先关注经济因素；而当经济环境稳定，没有明显起伏的时候，金融环境就是指导我们交易的重要依据。

很多人误认为地缘政治因素就是战争，其实不然。战争只是地缘政治因素里的一个方面。地缘政治事件并非像多数投资者理解的那样只会对以黄金为首的贵金属产生利好作用，甚至不一定会产生影响。

地缘政治危机与黄金的关系体现为很强的阶段性特征，这个特征主要在三方面：第一，是受地缘政治影响的国家货币信用是否遭遇冲击，进而激发受影响的区域性黄金需求，若非经济大国或者黄金需求大国，金价以及关联贵金属价格受影响非常有限；第二，是受纯粹的政局动荡引发对黄金的避险买盘；第三，是基于地缘政治是否影响全球能源供应格局，并进而引发对通胀预期的担心。总体而言，地缘政治对贵金属市场（特别是金价）的影响就像一阵飓风，风起时（特别投机力量进一步煽风），潮起，众人皆狂。风过后，潮落，回归平静。

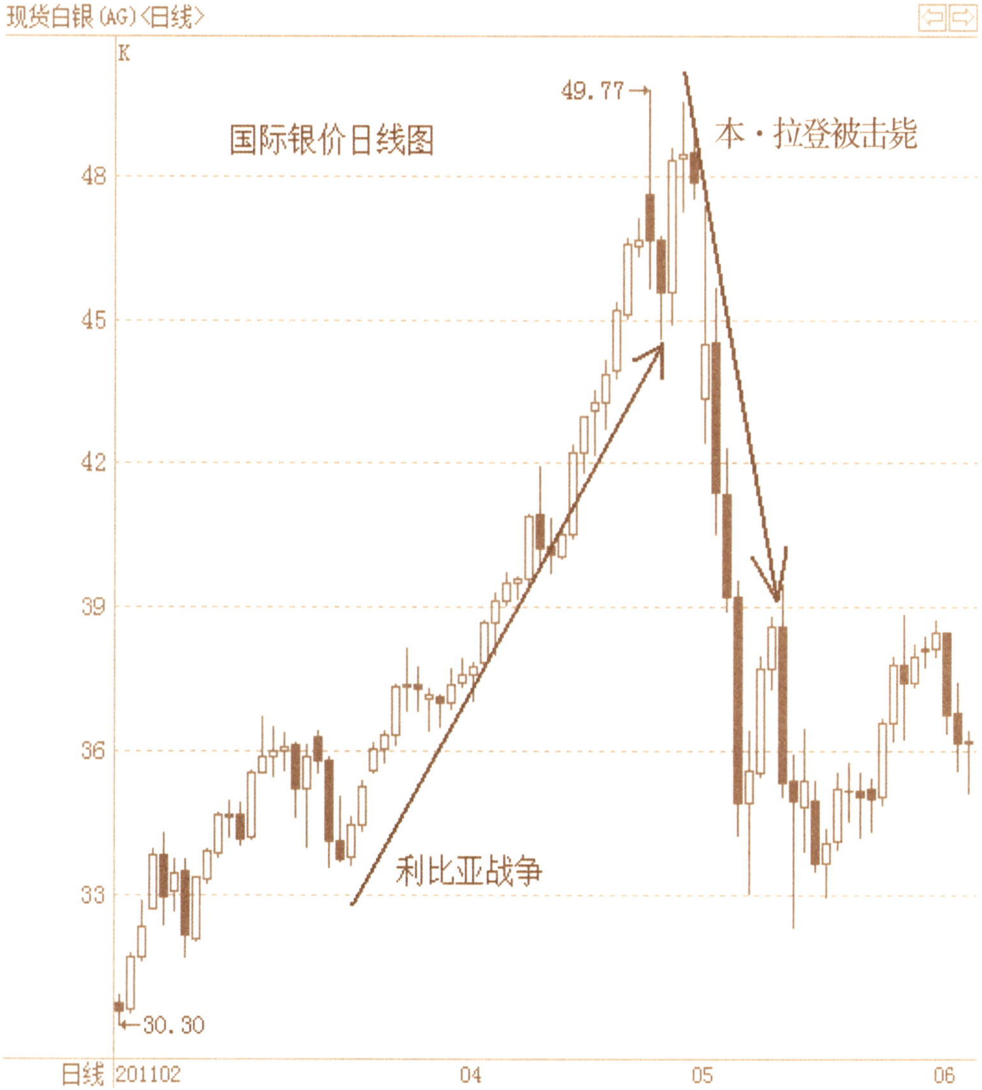

图 1-4　地缘政治因素影响趋势实例

图 1-4 是 2011 年 2~5 月的国际银价日线走势图，这段走势就是地缘政治因素的一个集中反映。3 月中下旬至 4 月下旬的超级牛市行情就是

由引发供油恐慌的利比亚战争所驱动。而代表海上霸权得到巩固的本·拉登被击毙事件则造成5月上旬的大级别暴跌行情。可以很明显地看到，地缘政治事件引发的行情级别要明显大于其他时间段，但影响的持续时间不长。

经济因素方面，最常见的就是平时每个交易日都有公布的欧美经济数据。所以，不少人误认为经济因素影响力小，影响的持续时间短，用以指导超短线交易。这种认识并不完全错误，因为当重要数据公布值与市场预期值有较大出入的时候，的确是决定短期波动方向的主因，也是有时候国际投机主力启动攻势的导火线。但如果仅把眼光放在这方面，那么经济因素的作用就只被发挥了很小的一部分。

一方面，经济数据只是反映经济状况的一些特定部分，而非经济全景，经济因素还包括其他各种经济事件，例如议息会议、债务危机等。另一方面，相信不少有经历的投资者都有这样的体会，经济数据公布值与市场预期值对比呈利好结果时，贵金属价格不一定就会上涨，有时候涨得特别多，有时候只是涨一点点，有时候全无反应，有时候甚至下跌。这是因为经济数据并非独立的，国外成熟投资者关注的是经济数据的走势，好比技术分析的主要对象是价格走势，而非价格本身。（这方面在后面章节会详细介绍）。另外，特定经济数据在特定的经济环境下影响会特别显著，例如在2008—2014年期间市场关注焦点在美国是否即将推出新一轮货币宽松制度上的时候，美国CPI数据公布值的影响力就会特别大。

下面来看一个经济环境影响金价运行的例子。

图1－5是2011年5～7月的金价日线走势图，这里展现了金价受欧洲经济环境影响的三个中期波段。5月中旬，希腊债务危机爆发，金价总体持续上涨了超过一个月。到6月下旬，由于希腊政府不顾民间严重抗议情绪，强行通过了紧缩方案，从而获得欧盟的救助，希债危机得到较为有效的缓解，金价逐渐回吐之前的涨幅。但到了7月上旬，美国评级机构大举下调欧盟多个国家的评级，市场对欧债危机的担忧情绪被重新激发，金

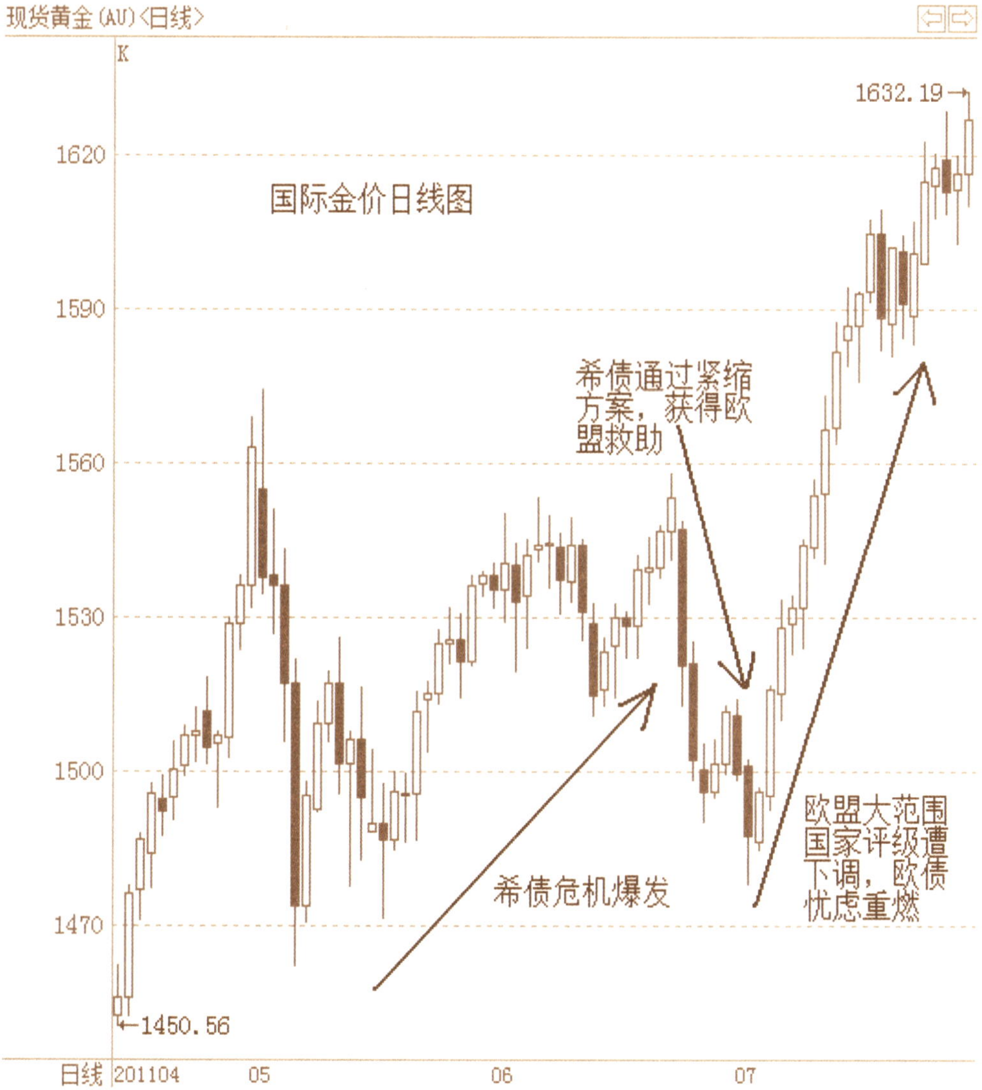

图1－5　经济因素影响趋势实例

价受此影响出现了长达接近两个月的持续上行。

再来看金融因素，金融因素指的是全球资本流动对贵金属价格的影响。由于总体资本流动具有较强的持久性和稳定性，所以金融因素的影响持久时间比较长。资本流动包括个人资本流动与机构资本流动。

个人资本流动就是指个人投资者和消费者交易虚拟或实物贵金属时所

产生的资本流动。虽然个人投资者或消费者产生的资本流动对贵金属价格的影响极其微小，但是当大部分的投资者和消费者都朝着一个统一的方向交易的话，那就能对贵金属价格造成明显影响，甚至让其形成大趋势。这是后面心理分析相关章节要详细介绍的内容。

机构资本流动包括各国央行、大型对冲基金以及商业银行等投资机构在市场中的资本流动。例如，央行对黄金储备的增减、对冲基金的投机行为等都是金融因素之列。

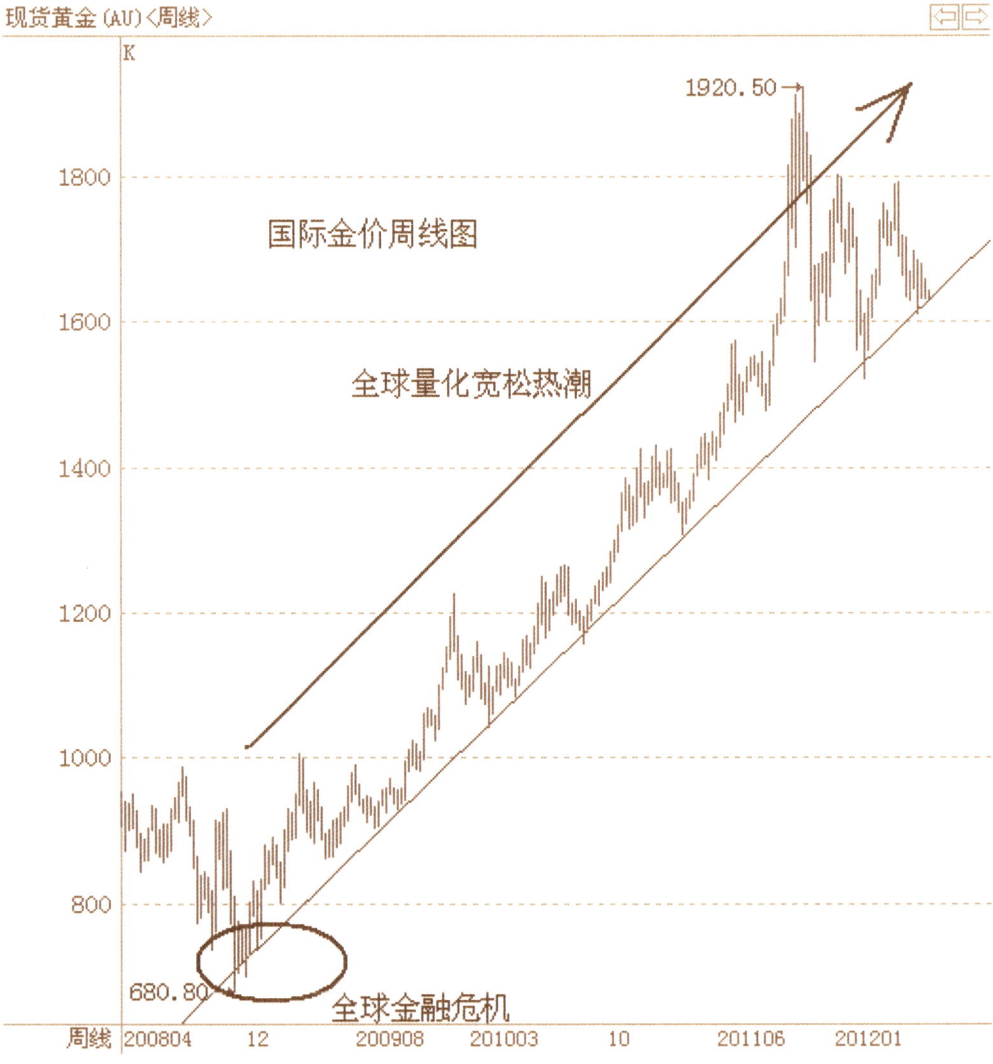

图1-6　金融因素影响趋势实例

图 1－6 是国际金价 2008—2012 年初的周线走势图。2008 年爆发全球金融危机，危机爆发后美国率先实行量化宽松的货币政策。之后欧元区和亚洲各国都先后打开印钞机，全球货币步入集体贬值的漫长过程。这段过程中作为真正的世界货币的黄金价格展开了持续的整体上行态势。

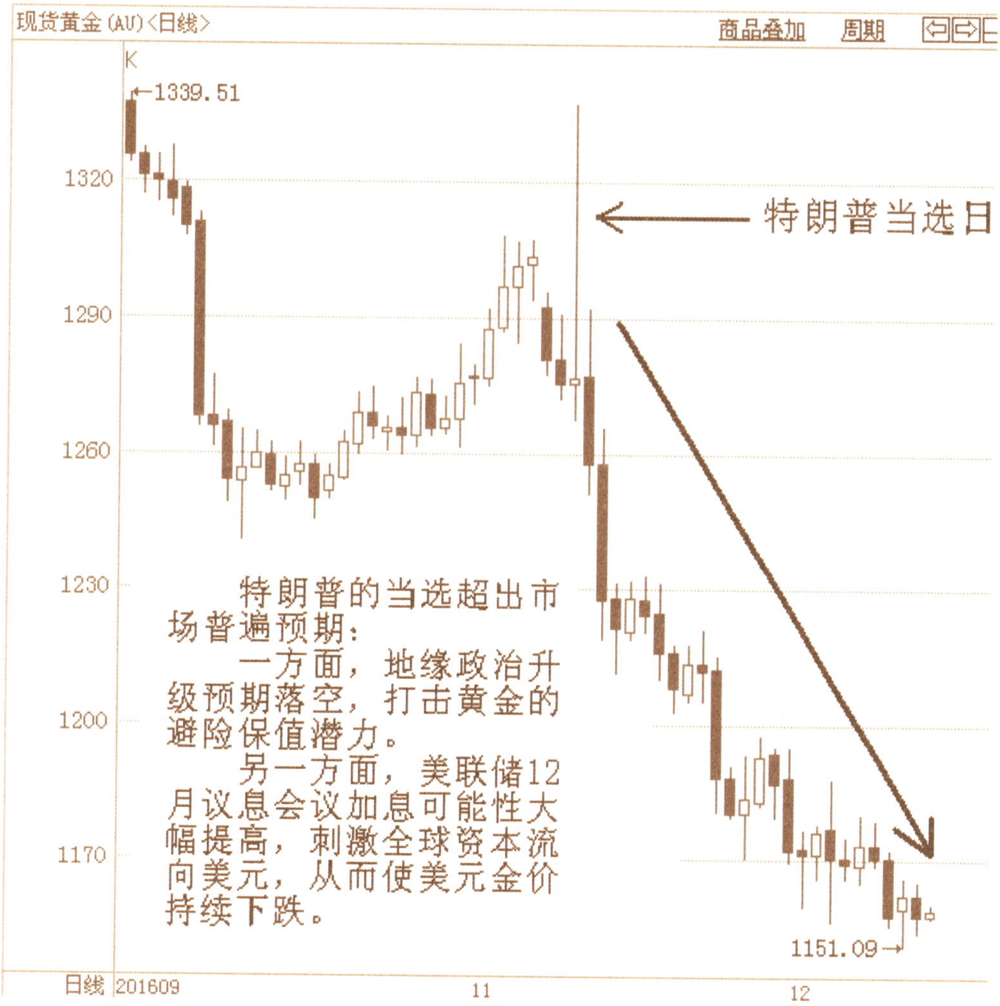

图 1－7　综合因素影响趋势实例

图 1－7 是国际金价 2016 年第 4 季度的日线走势图。2016 年 11 月 9 日，美国总统大选结果出炉，大热门希拉里意外败选。持续近一个月的多头预期行情急转直下。

一方面，虽然特朗普在演讲中曾对中国口出狂言，但实际上的主战派是希拉里。所以特朗普的当选使地缘政治升级预期落空，这打击了黄金的避险保值潜力。

另一方面，特朗普的当选也使美联储12月议息会议加息可能性大幅提高，刺激全球资本流向美元，从而使美元金价持续下跌。

在地缘政治和金融因素的双重压力下，金价呈现出先急后缓的长时间下跌格局。

图1-8　实物需求因素影响趋势实例

最后来看一个实物供求因素对贵金属影响的实例。图 1－8 是国际钯价 2008 年底到 2010 年底的周线走势图。同期金价从 700 美元/盎司（1 盎司＝28. 3495 克）上涨到 1400 美元/盎司附近，上涨了 1 倍。而钯金却从 157 美元/盎司上涨到 800 美元/盎司以上，上涨了接近 6 倍！这明显不是主要由全球流通泛滥推动的，而是由钯金本身的供求关系推动的。钯金在稀有程度方面与铂金相当，作为首饰金属的物理属性并不比铂金逊色多少，但是被人们发现并开始大规模用于制作首饰的时间要比铂金晚得多。而 2008 年后是钯金开始正式大规模用于制作首饰的阶段，所以在这个时期里钯金供不应求的状况是助推钯金价格暴涨的根本因素。

基本面因素从地缘政治因素、经济因素、金融因素到实物供求因素的推动力度由强到弱，持续时间由短到长的关系，在实际分析行情的时候只要厘清就足够。至于基本面因素层次关系背后的原理，并不干预实际操作，这里简单地介绍一下，也有助于读者更好地理解和记忆。

商品价格是由整个市场的所有参与者共同作用的总和的反映，所以不同的基本面因素对价格的影响力度和影响持续时间的不同，归根到底是市场参与者对基本面因素做出的反应不同。

只要你参与过实际交易，就会有这样的体会：既定经济数据公布或者突发事件刚出现的时候是最激动人心的，行情是波动最剧烈的，主动交易的冲动也是最强烈的。而随着时间的推移，无论是市场反应还是自己的交易冲动都会逐渐消淡。

这种剧烈和强烈是人类的感性情绪导致的，称作感性交易。感性交易是交易者根据短期大脑内认为最新鲜、最有影响力的消息的影响效果总和来做出的交易决策，包括进场方向、持仓量、止损止盈的设置等。在当今信息量爆炸的年代，人类对新鲜信息的记忆和敏感度一般都很短，所以感性交易的特点就是持续时间短，影响力集中。

交易者的决策是根据自己大脑内对各消息处理的总和，而商品价格是所有市场参与者行为的总和。这里涉及另一个因素，那就是不同的交易者，他们对同一条消息的获取和理解都会存在不同。例如一些在某国家发生的有影响力的消息，但是该国不愿意让消息外传而刻意封闭，这样就只有很少数的交易者能了解到，也就是朝着该影响方向交易的交易者不多，所以对商品价格的影响就很有限；又或者一些没有引起国际媒体足够关注的消息，也是类似状况。又例如美国经济数据的走强，因为黄金白银既具有商品属性，也具备货币属性，所以这种因素在不同时期对它们价格的影响方向会截然不同，表现在微观上就是在不同的交易者脑中的理解存在分歧，这样也不能形成一致的影响。

地缘政治事件是各大国际媒体争相报道的热门素材，是人们最关心的消息，在人们的心目中也基本上不存在理解分歧，所以地缘政治因素的影响有非常好的一致强化效应。在地缘政治因素的推动下，大多数的交易者都进行同向的感性交易，从而推动大幅度的单边行情。而同时，感性记忆的持续时间不长，因而这种感性交易推动的单边行情持续时间也不长。这就是地缘政治因素推动行情的力度最强、持续时间最短的根本原因。

经济因素方面的消息也是相当透明，好比经济数据和各国央行议息会议是全球公布的，而且都是既定时间公布，全球交易者都在同一时间了解到。但是与地缘政治因素的消息不同，交易者对同一经济因素或者经济事件的理解不尽相同，不同的经济学家评论观点也扩大了这种分歧。所以，经济因素同样引发市场参与者普遍的感性交易，但是这种感性交易在大部分情况下存在着不同程度的分歧，因此推动力度不如地缘政治因素强。但同时也正因为这种分歧，使其在交易者脑中的记忆时间更长，从而推动商品价格运行的持续时间要长一些。

与感性交易相对的另一个极端是理性交易。理性交易主要由长期存在的、稳定的影响因素决定，这些因素一般很少有分歧，而且很稳定，不容易出现变化，例如工业用银，又例如全球流通泛滥，这些因素都是长期存在的。所以对交易者的影响就是，不会有特别重视的时候，但是总会记得，一旦有相对好的机会出现的时候，就会去交易。理性交易的特点就是微观推动力度不强，但是影响的持续时间很长。

举个最简单的一个例子，每年金价下跌的淡季，人们就会蜂拥去购买金饰和投资性金条、金币等，这种行为虽然不会造成对金价的冲击性推高，但是长期存在。同样的，人们对投资性银制品，以及银制品企业对原银的需求也是理性投资的集中表现。

最后看金融因素，金融因素里面最重要的一方面是国际资本流动，关于这些方面的消息投资者一般很难获知，但是这类消息还是偶有出现在国际媒体。基于金融因素消息的获知难度，金融因素引起的感性交易明显比不上经济因素和地缘政治因素。而金融因素反映的是国际资本流动，这是直接决定商品价格走势的，所以金融因素在市场参与者之中基本上没有分歧。当然，由于一些机构操作的需要，这种资本流动的现象有时只是表象，所以引起的理性交易不如实物供求因素的强。

简单来说，地缘政治因素、经济因素、金融因素和实物供求因素的本质关系可以表示成一个此消彼长的三角形关系，如图 1－9 所示。

心理分析可以有效地帮助判断趋势，例如市场心理预期就是形成价格

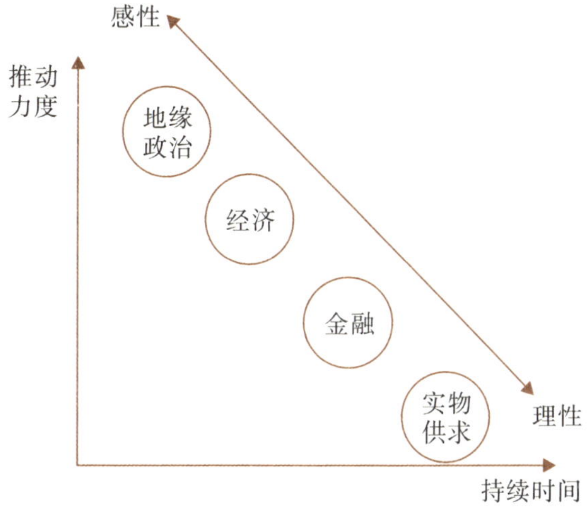

图 1－9　四大因素力度与时间的此消彼长关系

运行趋势的一个重要因素。好比说美国即将举行一次议息会议，会议前市场会对这次会议有一种预期，譬如预期这次议息会议有较大概率加息（这对贵金属往往是一种利空），那么会议前的几天行情就会朝着这个利空的方向发展。关于这方面在后面心理分析的相关章节会有详细介绍。

技术分析也可以用于判断趋势，但是方法相对要少很多，但同时也就变得相对简单。下面简单介绍一种判断趋势的技术分析方法。

图1－10是由顾比复合均线和长期隧道组成的三线系统。顾比复合均线是一个比较常用的专业技术指标，在《白银投资技巧入门篇》里面也有做过相关介绍。关于长期隧道，就是维加斯隧道系统里面的基准线，在

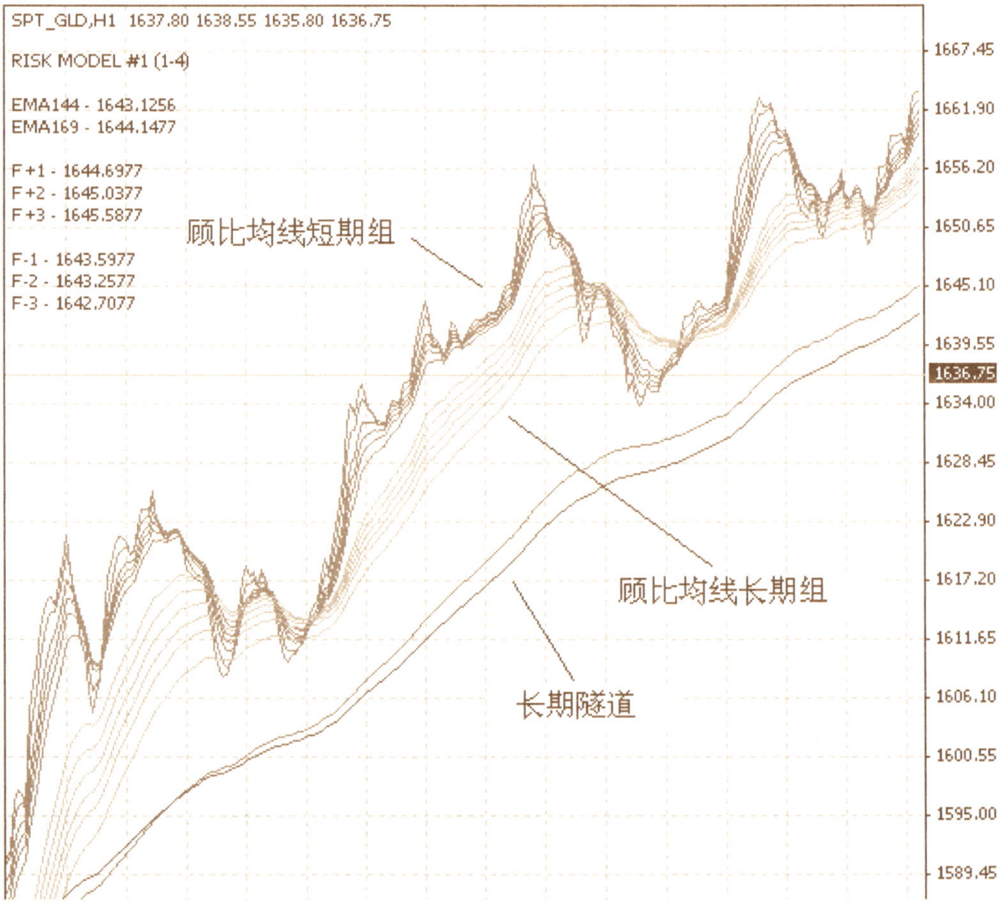

图1－10　三线系统模型

后面章节会有详细介绍。这个三线系统是技术分析方法里判断趋势最有效的一种方法之一。再强调一下，判断趋势并不是预测趋势，趋势永远无法预测，只能跟随，判断趋势的方法只是对趋势的一种假设，找出对交易最有利的趋势方向。

三线系统判断趋势的方法主要有两步：

第一步，先观察顾比均线组与长期隧道的关系。

若顾比均线组在长期隧道上方，则初定为多头趋势，等待第二步确认；若顾比均线组在长期隧道下方，则初定为空头趋势，等待第二步确认；最后一种情况就是长期隧道处于顾比均线组内，则直接确认为无趋势（趋势不明朗）。

第二步，观察顾比均线组的长期组和短期组的关系。

若第一步初定为多头趋势，而短期均线组在长期均线组上方，那么就可以确认为多头趋势；如果短期均线组在长期均线组下方，那么就可以确认为无趋势。

若第一步初定为空头趋势，而短期均线组在长期均线组下方，那么就可以确认为空头趋势；如果短期均线组在长期均线组上方，那么就确认为无趋势。

对于不同的交易周期来说，需要在相应不同的周期走势图上使用三线系统。对于日内交易来说，效果最理想的是选择在 1 小时走势图上使用三线系统。图 1 – 11 是三线系统在国际金价 1 小时走势图上运用的实例。在实例图中可以更好地理解，把顾比均线短期组、长期组、长期隧道看成是短期均线、中期均线和长期均线的话，那么多头排列的时候就可以判断是多头趋势。当多头趋势被破坏时，就进入无趋势状态。多头排列重新形成的话，就可以判断重回多头趋势。而若反向形成空头排列的话，那么就可以判断是空头趋势。同样的，当空头趋势被破坏时，就进入无趋势状态，直到新的趋势形成。

有一点要注意的是，三线系统与普通均线系统有很大区别。一个是多

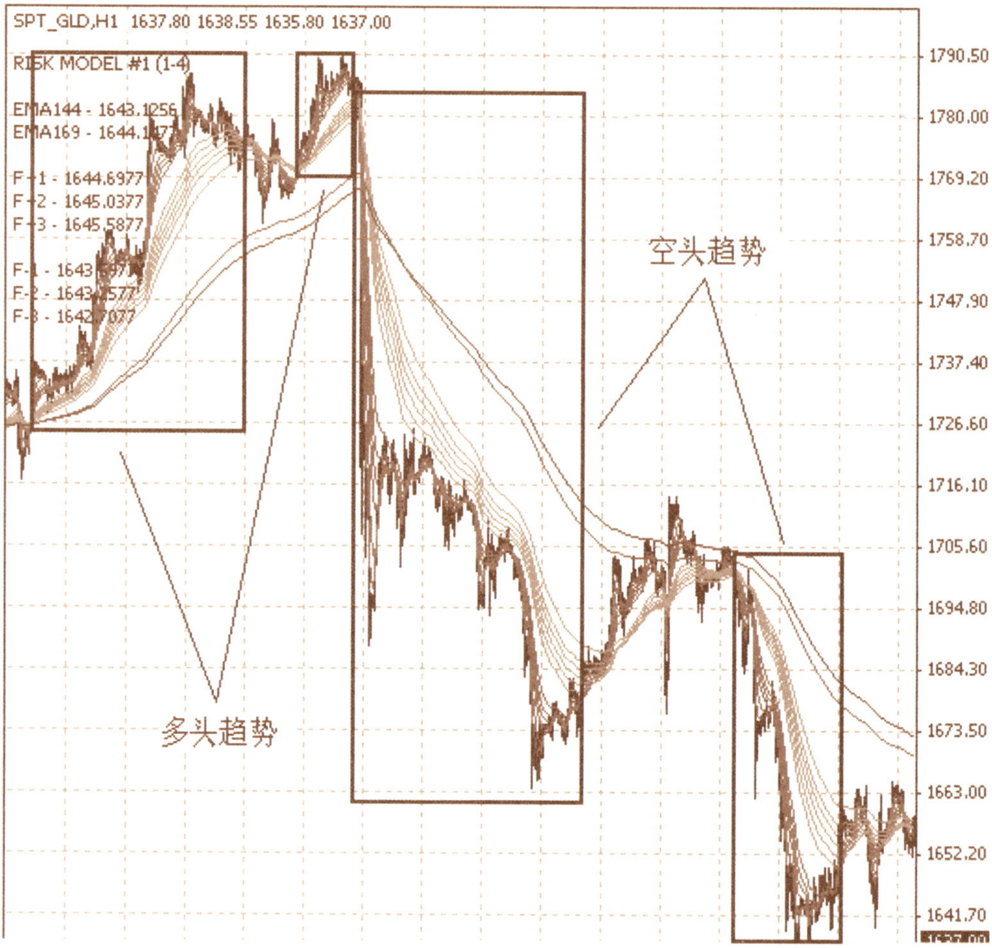

图 1－11　三线系统的运用实例

头排列与空头排列只需要三组均线成排列就可以，不需要均线组内部每一条均线都呈相应排列。另一个是观察多空排列时，需要每组之间不能有交叠。即组内均线可以交叠，组间均线不能有交叠。

第二步：判断属性

判断行情属性是行情分析的第二步。判断行情属性就是指判断后市行情将是震荡行情还是单边行情。

这一步被很多投资者忽略，大部分投资者把精力集中在研判趋势和位置上，认为相比与此，没必要花心思在行情属性的研判上。试问一下，在爆发动摇美国霸权地位的战争的时候，去寻找金价上方不远的阻力位有意义吗？寻找下方支撑位等待回调做多的做法有意义吗？在圣诞节前夕，又有什么比还在关注突破重要支撑位或阻力位的追空或者追多机会更徒劳的事情呢？

在技术分析里面，与行情属性最有交集的就是布林带。但是布林带仅可用于显示属性，而不能用于预测属性。所以在技术分析里，预测行情属性被誉为“世界性的大难题”。如果技术能预测行情属性的话，那么技术分析将会得到前所未有的飞跃。

判断行情属性并非无据可依，只是目前要做到的话，难度高，而且体系尚未成熟。用于判断行情属性方面，基本面分析比技术面分析更有优势，但是需要掌握全面的基本面消息需要花费非常多的时间和精力，而且对于突发消息方面的渠道，中国往往滞后于西方发达国家，尽管上海金交所为金银 T+D 与国际市场接轨付出了不懈努力。

总体来说，利用基本面判断行情属性不适合个人投资者，而且具有先天缺陷。

目前判断行情属性的最理想的方式是通过市场心理分析。心理分析是介于基本面分析与技术面分析之间的一个新生层面分析技术。市场心理因基本面消息而动，而更直接地反映人们的行为；市场心理可以为不确定性的技术分析指明方向。因为心理分析还是处于初级阶段，只是存在于少数分析高手的心中。一旦发展到拥有完整理论体系的时候，心理分析就可以有效解决判断行情属性的大难题。而作为初生阶段，也可以分别融入基本面分析和技术面分析当中，让基本面分析的效果突破传统，使技术面分析获得灵魂。这些内容大家会在后面章节看到。

用技术分析来判断行情属性也是可以的，不过由于技术分析在这方面缺乏前瞻性，只能判断当前行情属性，而不能预测，所以只能利用行情属性延续的特征，通过判断当前属性来预测短期后市属性。同样具备方便快捷的优点。

下面来看一个心理分析判断行情属性的实例。

图 1-12　心理分析判断行情属性

图 1-12 是国际金价 2011 年 2~4 月的日线走势图。2 月前的金价走势萎靡不振，在中东和北非动乱的刺激下，金价 V 形反转，涨势持续了一个月。由于地区动乱题材已经被反复炒作，地缘政治因素已经被投资者反复消化，因此已经审美疲劳了。所以在 3 月份即使动乱局势继续升级，甚至美英法联军发动利比亚战争，行情也已经不为所动了。直到 4 月中旬，标准普尔率先下调美国政府评级前景展望至负面，引发市场对美债危机爆发的忧虑。这为市场提供了一个新焦点，而且是一个“新鲜”的焦

点，带来非常大的想象空间，所以金价重新获得动力，拉开爆发式的上涨。

这里涉及心理过度、新生焦点、想象空间等心理分析方面的内容，后面章节会有详尽的介绍。

基本面用于判断行情属性方面，作用虽然不及心理分析，但在目前是应用最广泛的，因其历史悠久，理论系统完整。下面来看一个简单的实例。

图 1－13 是同年国际金价 3～4 月的日线走势图。在没有一些重磅的

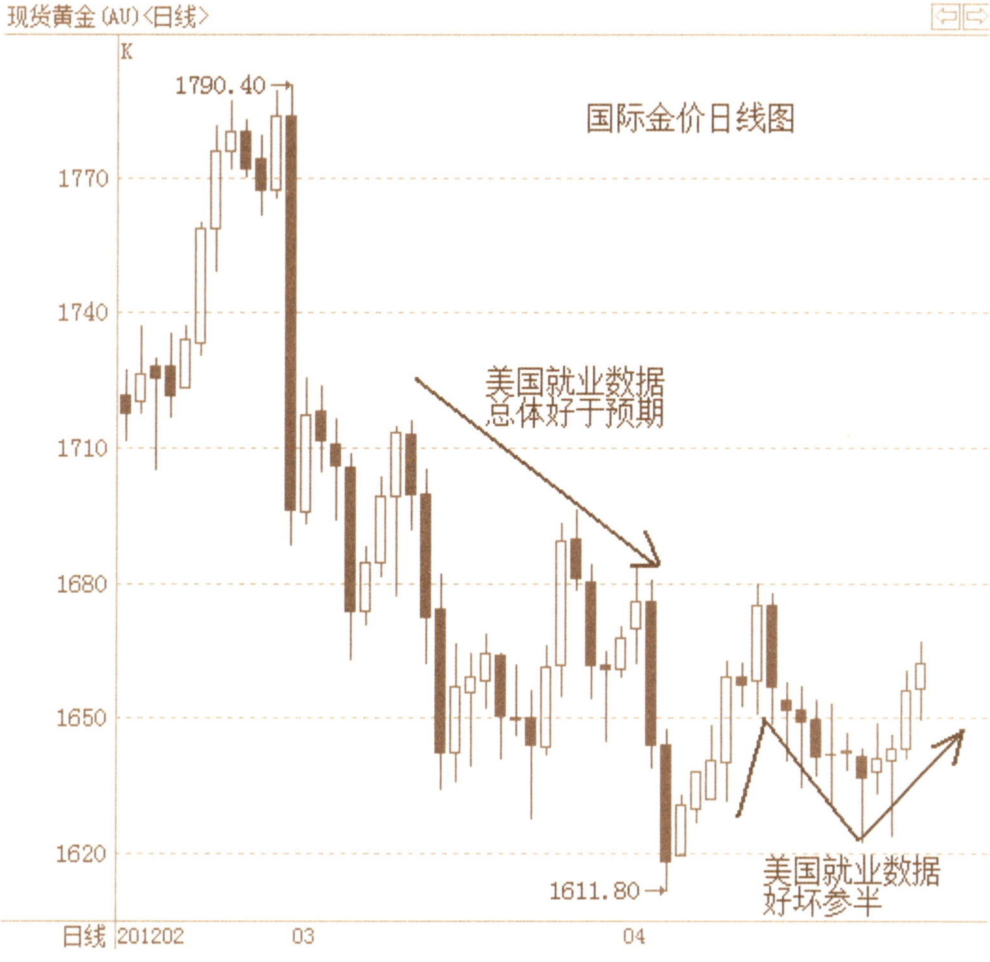

图 1－13　基本面用于判断行情属性

反向消息面影响的时候，作为全球影响力最大的经济数据——美国就业数据（包括非农就业数据和失业率）将在最大程度上决定接下来一个月的总体走势。这就是经济因素的特性。

美国2月非农预期21万，公布值22.7万；失业率预期8.3%，公布值8.3%，即总体向好。因此接下来的一个月总体处于空头趋势。美国3月非农预期20.5万，公布值12万；失业率预期8.3%，公布值8.2%，即好坏参半。因此接下来的一个月时间行情呈震荡格局。

在微观走势中，同样可以借助基本面分析方法判断后续行情的属性。例如最常用的重要既定经济事件来临前后行情固有的属性变化规律。

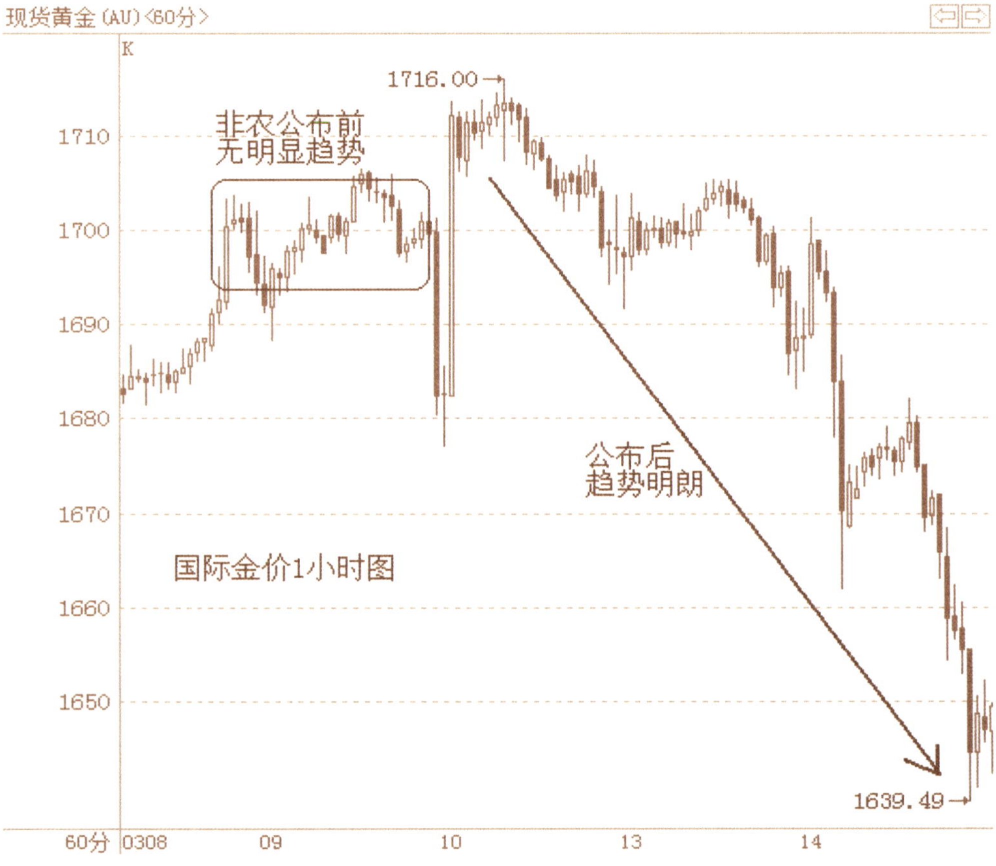

图1－14　基本面判断微观走势的行情属性

图 1－14 是国际金价 1 小时走势图。当月非农数据是在 9 号美盘时段。可以看到，公布前一天行情处于无趋势状态。公布后行情经历短暂的激荡之后就进入明朗的空头趋势。

技术分析用于判断行情属性同样具有方便、快捷的特点，但是预测能力相对有限。技术分析判断行情属性的一种简单常用的方法是基于行情趋势的惯性特性，例如用前面判断趋势的方法，通过分辨当前的行情属性来假设后续行情的属性。这种方法的缺点就是在行情属性发生变化的时候反应速度慢，不具备预测能力。后面章节会介绍另外一些改良方法，但效果始终不及基本面和心理分析，只用作分析时间不足的情况。

第三步：寻找关键位置

寻找关键位置是行情分析的第三步。从这一步开始，就是技术分析的天下。技术分析的一个核心作用就是寻找关键位置。这是后面章节的一个重点介绍的部分。下面来看一个最基础的寻找关键位置的技术分析实例。

图 1－15 是国际金价 1 小时走势图，这里展示的是技术分析中用于寻找关键位置的一种基础方法——利用近期明显高低点或密集高低点水平确定关键位置。虽然是基础方法，但请不要轻视！这种方法的效果非常好，但是很多已经“掌握”这种技术的投资者并没有发挥出它应有的力量。注意这种方法的命名里的几个关键词——近期、明显、密集。

近期，就是说参考的前高低点不能距离当下太远，最近 1～3 天的高低点参考价值最大。一般超过一周之前的高低点参考价值就变得很小。显然，是指需要找出明显波段的高低点，一些小的子浪的高低点不够当作参考依据。密集，是指短期内多个水平相近的高低点，例如箱体或上下三角整理波段内常见的密集高低点。

图 1－14 就是 4 月 26 日分析时，利用前一个交易日的明显高点和密集高点来寻找当天关键位置的实例，读者可细细体会。

图 1－15　最基础的寻找关键位置的技术

第四步：寻找进出场机会

技术分析的第二个核心作用就是寻找进出场机会，接力行情分析的最后一棒。

请记住，这只是行情分析的最后一步，而非行情分析的全部。技术分析的初学者把判断趋势看作行情分析的全部，而入门后的投资者大多数都把寻找进出场机会看作行情分析的全部，甚至是交易的全部。先不说这是断章取义，就单论每一步的重要性来说，目前最有效的往往是行情属性判断和寻找关键位置。

并不是说这两步的作用最大，而是以目前已有的工具，这两步是可以完成得最好的，而趋势判断和寻找进出场机会的难度相对较大，不确定性也更为明显。

寻找进出场机会也是后面技术分析章节要重点介绍的。这里先看一个简单的例子。

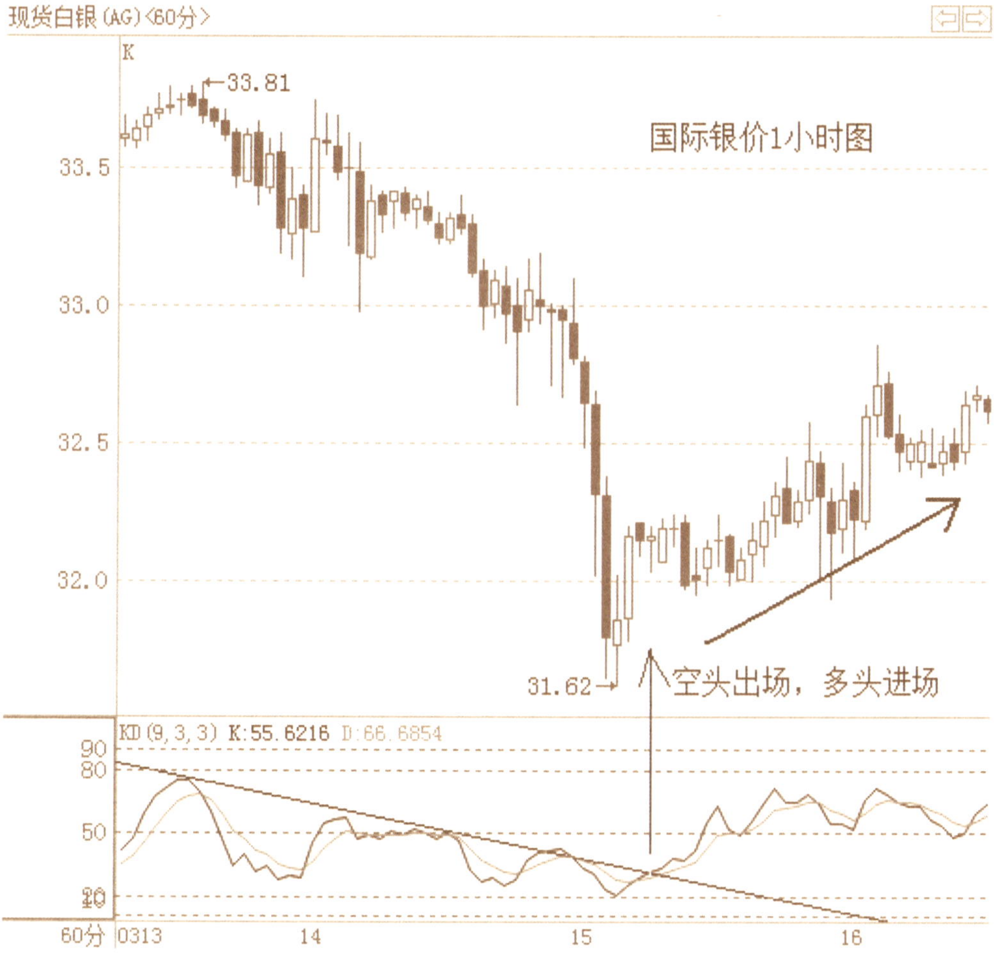

图 1－16　KD 趋势技术用于判断银价日内进出场机会

图 1－16 是在《白银投资技巧实战篇》里首度公开的 KD 趋势技术用于判断银价日内进出场机会的实例。利用这项技术在 2011 年 3 月 15 日美盘午盘时段寻找出非常好的空头出场、多头进场的机会。

第二节　交易三部曲

分析技巧与经验

分析技巧与经验并不完全属于行情分析部分或交易部分，它是独立于这两大部分，但又与这两大部分密不可分。它基于行情分析，指导交易，是承上启下的重要一步，但它并不属于初学者，它是在长年累月的分析和交易中领悟和总结出来的，它是那些有悟性、认真对待交易的经验投资者的专属优势。

举一个简单的例子：T+D 市场具有不连续，而且断点也很多的缺点，进行技术分析的时候往往不大可靠，远不如分析国际现货市场。但是在一些不为人知的地方，T+D 有着它独到的妙用。

图 1－17 和图 1－18 分别是黄金 T+D 和国际金价的 1 小时图，展示的是同一时期（2016 年 11 月 28 日上午 11 点起）展开的一段空头行情。

因为每天三次的时间断点存在，黄金 T+D 的这种“残缺”行情反而成了过滤市场噪声的武器：在国际行情上的一段混乱的震荡行情，震荡末期甚至出现一个很厉害的多头陷阱，这段不明朗行情在黄金 T+D 的走势图上却是相当地明朗——120 均线与 60 均线保持空头排列，60 均线与 30 均线保持空头排列，中长线一致保持良好的空头态势。

虽然这并不符合投资者的正常成长过程，但是介绍一些分析技巧与经验，旨在让中国投资者少走弯路，更快地成长。如果你只是一个新手，并未明确贵金属市场交易是否适合自己的话，这部分内容完全不适合你，大可不必浪费宝贵时间。

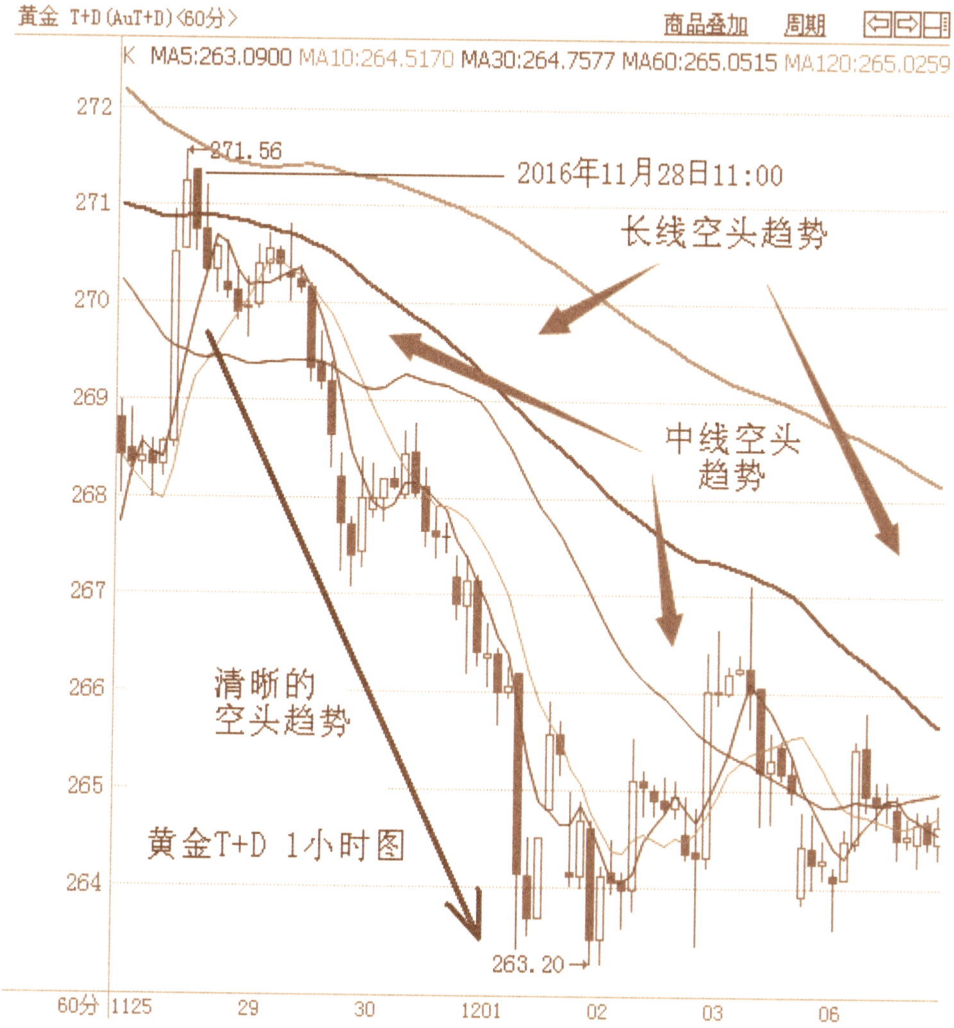

图 1－17　黄金 T＋D 的一段空头行情

第一步：仓位管理

仓位管理是交易过程中最重要的一步。如果把交易的三部曲视作一个整体的话，那么仓位管理的重要性占 50%，交易心理占 40%，交易系统占 10%。好比说要用 10 年把一个初学者锻造成一个成熟的交易员，那么用于研发适合他自己的交易系统需要 1 年，而用于培养交易心理则需要 4 年，培养仓位管理能力则需要 5 年！

仓位管理的基本思想可以这么简单地理解：当潜在胜率大于 50%、

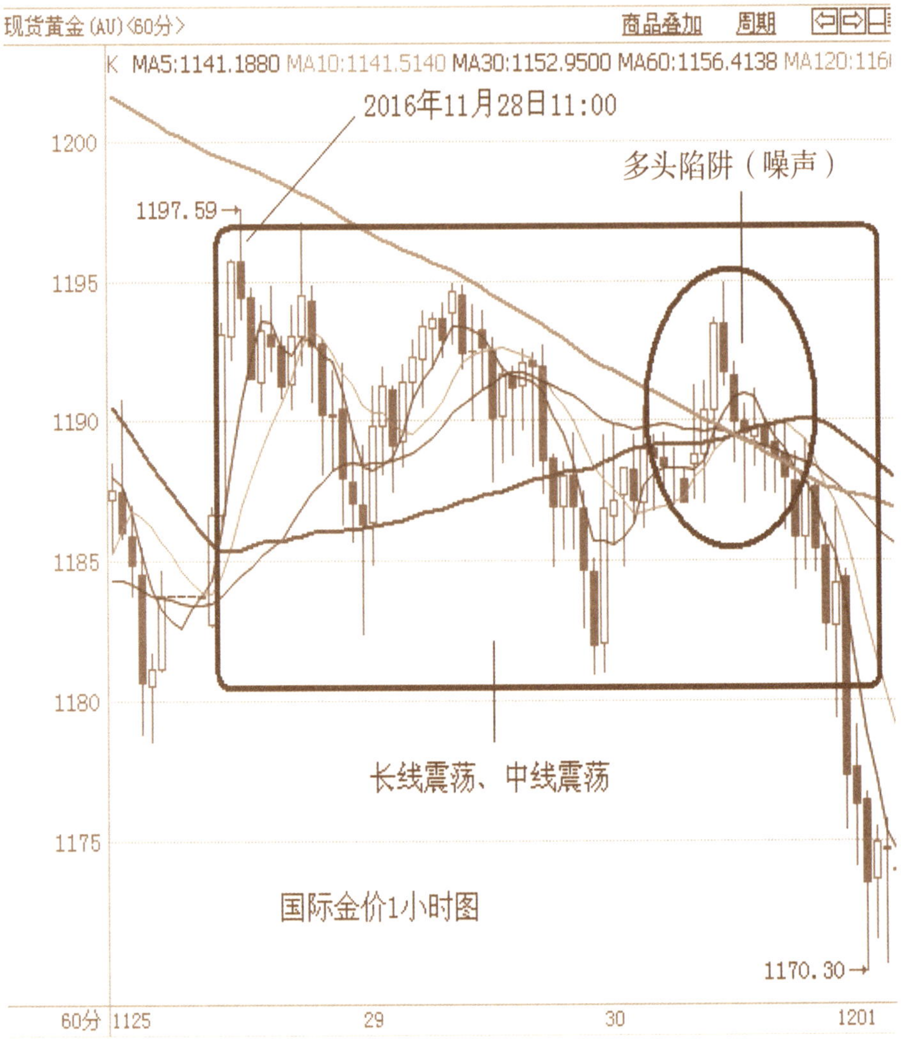

图 1－18　国际金价的一段空头行情

风险报酬率（又叫风险报酬比）大于 1∶1 的时候，就可以进场（风险报酬比＝潜在报酬/潜在风险）。当胜率或者风险报酬率上升的时候，就可以加仓；当胜率或风险报酬率下降的时候，就要减仓。如图 1－19 所示。

这里要注意的是，潜在风险不单只是初始止损的幅度，还包括交易的手续费，特别是目前国内的合法品种交易费用都比国际平台高，在行情波动幅度较小的时候尤其不能忽略。

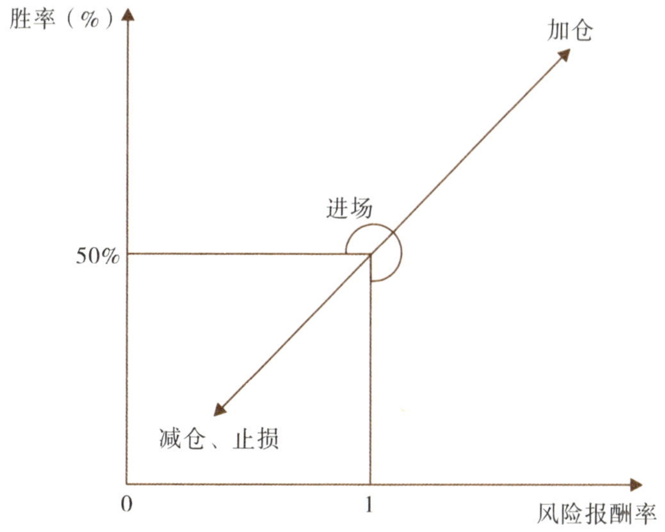

图1－19　胜率和风险报酬率控制仓位调整

下面举一个简单例子，看看仓位管理的重要性。

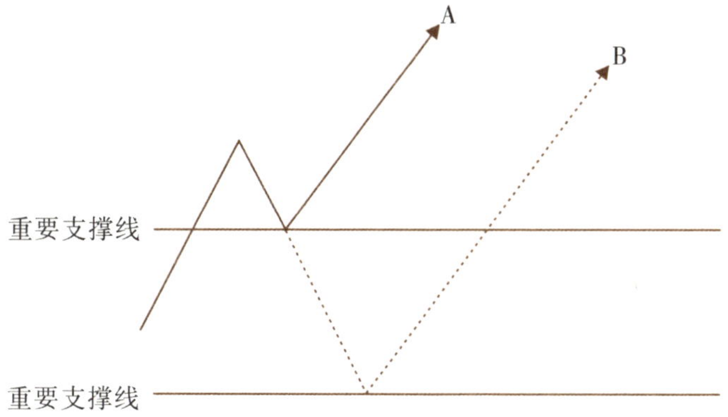

图1－20　仓位管理的重要性（1）

如图1－20，这是交易者经常遇到的一种情况。面对两道同等重要的支撑线，很难抉择在哪一道支撑线上进场做多，特别是委托交易。如果行情按照A路线发展，那么在下一道支撑线的委托交易就不能进场；如果按照B路线发展，那么在上一道支撑线的委托交易在持仓价格上就会变得很被动。

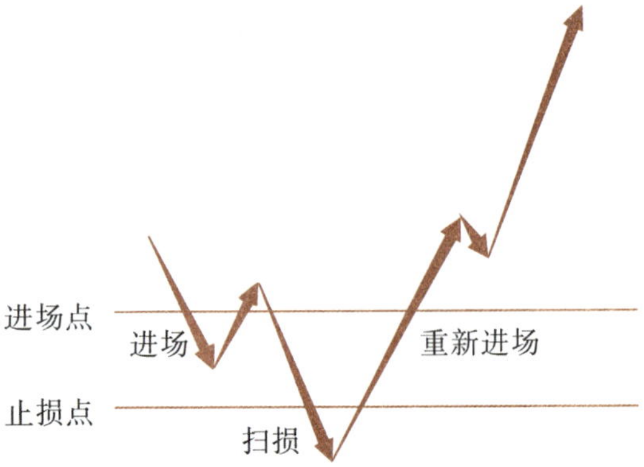

图 1－21　仓位管理的重要性（2）

有点小聪明的投资者会把单次交易的仓位分为两半，分别挂单在两道支撑线上方。以正常操作手数是 10 手的情况为例，那就是在两道支撑线上方分别进场或者委托 5 手，如图 1－21 所示。这样既不怕踏空行情，也不会显得太过被动，不失为两全之策。

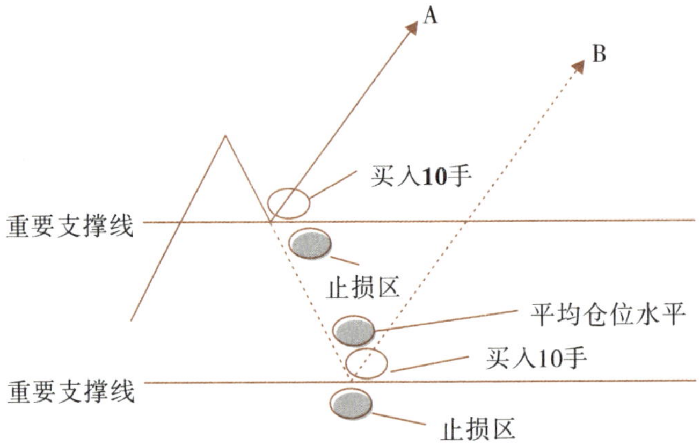

图 1－22　仓位管理的重要性（3）

科学的仓位管理做法则是对两道支撑线做同样重视，做同样的操作。但这种操作是独立操作，而非关联操作。如图 1－22 所示，在两道支撑线上方分别委托正常交易手数的仓位，并分别做严格止损。这方法乍看上去并没有上一个方法“精明”，但我们来仔细分析一下各种情况：

第一种情况：行情朝着 A 路线发展的情况，后者仓位是前者的 2 倍，所以盈利也是前者的 2 倍。

第二种情况：行情朝着 B 路线发展的情况，虽然两者都是 10 手的仓位，但是后者比前者拥有更低的综合仓位水平，所以盈利同样高于前者。而且两道支撑线距离越远，盈利差距就越明显。

第三种情况：如果价格跌破两道趋势线，那么后者的亏损还是比前者小。

还会有人这么问：如果行情跌破了第一道支撑线的止损区，又没到达第二道支撑线上方挂单进场区的时候就转头涨回去了，那还不是前面的方法好？

如果提这种问题而且觉得自己问得有道理的话，那说明你基础的技术分析能力还没到家，或者交易心理很不成熟，建议你目前千万不要参与大额的实仓交易，不然你的交易生涯很快就会结束。

并不是说问题中的情况不会发生，这种情况虽然会发生，但是在成熟投资者眼中根本不是担忧的问题，因为它是低概率事件。而且即使发生了，也是有方法去重新捕捉机会的。在后面章节会有介绍这方面的技巧。

上面关于仓位管理的作用只是个简单的例子，实际中遇到的不同情况多不胜数，仓位管理技术能发挥出来的控制风险和放大盈利的效果将更加显著。另外，仓位管理方法远不止以上例子这一种基础方法。

仓位管理主要包含资金管理和风险控制两大部分，具体而言就是根据资金量和符合自己的风险回报率，来界定何谓轻仓，何谓重仓，何谓正常操作手数，然后规范进场、出场、加仓、减仓、初始止损、跟进止损六大步骤。

第二步：交易心理

交易心理在交易过程中的重要性仅次于仓位管理，这方面在前作《白银投资技巧实战篇》中还没有明确提出，在本书中将要重点阐述。

一个成功的交易员从一开始到最后的成长，要经历三个阶段：

第一个阶段是感性交易。多数刚入门的投资者在初期都是“跟着自己的感觉走”。没有系统学习过行情分析的投资者固然这么做，即使有系统学习过行情分析的投资者，同样要走上这条路，因为分析方法总有失误的时候，失误几次之后，就会产生不信任、迷茫、侥幸等心理，这是人类天性使然。就算是世界闻名的操盘手，以前也有过这种过程，经历过由此带来的惨痛亏损。任何人投资都是为了盈利，这就注定让初学者只看到利润，看不到风险的可怕。

第二个阶段是理性分析。经历惨痛亏损之后，意向坚定的投资者没有退出，他们平静下来，重新思考失败的原因，客观对待行情分析，树立理性分析观念。但是他们还没能成功，因为客观分析是一回事，实际交易是另一回事。往往分析正确，但总跟交易脱节，理性与感性依然分离。

第三个阶段是融会贯通。这个阶段极少人能够达到。这个阶段需要的核心能力就是优秀的交易心理。交易心理是连接理性分析与感性投资的桥梁，只有优秀的交易心理，才能让理性分析的效果体现在实际交易上。

很多投资书籍都会强调交易心理（或者称之为“投资心态”）如何如何重要，但是阐述的篇幅只有数页之短，而且言之无物，因为作者根本不懂交易心理，自己也不用有良好的交易心理，甚至连不良交易心理带来的恶果都未尝过！这怎么可能写出这方面的内容呢？只能人云亦云。

第三步：交易系统

一个完整的交易系统包括何时进场、何时出场、何时加仓、何时减仓四个方面，它是整个行情分析与简单的仓位管理的结合，是指导交易的大准则，但是它在整个交易过程中的重要性只占10%。因为虽然这一步也不容易，但是比培养交易心理和养成科学的仓位管理理念这两步要容易得多。

话虽如此，能拥有科学、完整的，而且适合自己的交易系统的投资者只占少数。很多投资者还在尝试着使用网上流传的一些交易系统，这些交易基本上是不完整的，只有进出场信号，没有加减仓信号，而且也经不起行情的考验，更别说要适合投资者自己了。更悲哀的是，更多的投资者连交易系统都没有，甚至不知交易系统为何物。

第二章　交易技巧，比一切分析技巧都管用

有些投资者掌握很多分析技巧，其中不乏一些实用的分析技巧，但为什么他们就是不赚钱？

交易技巧有什么魔力，可以使完全不懂行情分析的人也能长期稳定盈利？

决定投资交易成败的不是分析技巧。在某种程度上甚至可以说，“分析技巧”不可靠，“交易技巧”才是真爱。

在投资市场，任何一项行情分析技巧都不可能长期有效。无论是基本面分析技巧，还是技术分析技巧。

这是为什么呢？

先说技术面技巧。一方面是众人皆知的：主力资金要从广大投资者身上赚取利润，那么主力肯定不会放过广泛使用的技术分析方法，一定会对它们加以利用。而利用的最大体现就是在准备阶段营造它，在关键时刻破坏它。

另一方面相对隐秘：是技术分析技巧的使用者群体自己在侵害着它的准确性。因为只要这个技术分析技巧有效，用它的人就越来越多。以均线为例，若干年前，30均线在多头行情中每次都能成为有效支撑，被越来越多人发现之后，大家就都在30均线做多。做过股票的都知道，这种情况下在30均线就买不到了，想买入就要以高一点的价格买，而这个“高一点”会被基数庞大的技术交易者放大，从而使实际支撑位向上偏离30

均线——广泛流传的技术分析方法就是这样失效的。

至于基本面技巧，除非投资者自己在基本面分析方面有深厚的造诣，因为对于任何一个消息面，对黄金市场是利多还是利空，两个方向都是说得通的，基本面的解读就像中华文学一样博大精深。

有一个并不夸张的事实是这样的：金融财经的世界知名媒体，在重要消息面出炉之前，都已经准备好四份专业分析。以美联储议息会议为例：

第一份分析是美联储加息了，金价理所当然承压下跌。

第二份是美联储加息了，但诸如官员鸽派言论、前期市场消化过度的原因，金价抗跌甚至得到支撑上涨。

第三份是美联储没有加息，市场期望落空，金价理所当然上涨。

第四份是美联储没有加息，但诸如官员鹰派言论、其他数据向好，金价依然承压下跌。

四份专业分析都做得有理有据，在消息面出炉后，行情初步走出个方向了，媒体就可以把最合适的那一份“专业分析”发表出去。

专业的金融财经媒体尚且如此，对于一知半解的普通投资者，面对实时基本面时候的懵然就可想而知了。

技术分析技巧有不小的不确定性，基本面分析技巧的不确定性更大，单从这方面而言，行情分析技巧对多数投资者是“不可靠”的。但交易技巧不同，交易技巧具有百分百的确定性，可以弥补行情分析技巧在不确定性上致命的通病。

笔者在十年贵金属市场里见过无数的投资者，有两类极端而不罕见的投资者：

第一类是有优秀的交易技巧，但完全不懂行情分析的投资者，他们的长期交易胜率都明显高于50%。

第二类是没有交易技巧，但行情分析功底不浅的投资者，他们最终都是以爆仓收场。这里说的“最终”不超过两年。

第一节　有些人掌握很多分析技巧，但就是不赚钱

格局决定财富，投资领域也不例外

在西方国家流传着这么两个统计故事（统计故事就是有数据统计为基础的戏剧性事情）：

第一个是穷光蛋中了彩票大奖，三年后就被打回原形，重回欠债累累的生活，无一例外。因为决定他们贫穷命运的，不是能力，也不是运气，而是格局。他的格局是怎样，他的生活就是怎样的。

第二个是某国际投行招聘操盘手采用一种独特的方式：给他们一个亿的真实资金进行交易，并告诉他们，一周之后，只要是正盈利，就可以进入复试，盈利最高的一位可以直接录用。

事实上，他们在第一天就把 90% 的两类不符合人选淘汰出来。第一类是一出手就全仓进场的：没错，他们有一半的可能把一个亿变成两个亿，但这是赌徒心态，当他们发出这个进场指令后，不等市场告诉他们结果，投行就马上告诉他们结果了。第二类是起手交易一万几千的，这类候选人很沉稳，按照游戏规则，他们能进复试的可能性很大，但一次交易不到千分之一的仓位，这是对一个亿资金的侮辱，他们同样第一天就出局。

这两类候选人占 90%，投行的初试方式很轻易地就把他们排除掉，因为他们的格局太小了，在投资市场是无法存活的。

投资不是一种赌博，投资是一项技能。因为一夜暴富的投资大亨，在地球上一个先例都没有。

因此，当你决定要踏入投资市场之前，首先要端正自己的格局：计划全职投资的，就把交易看作事业；计划业余投资的，就要把交易看作理

财。无论如何，不能看作赌博，不要企望一夜暴富。

其次，我们也不要心怀预知未来、精确预测的态度。巴菲特在 2014 年一次接受访问的时候，遇到这样一个提问："如果你穿越回到 23 岁，你还拥有你现在的智慧，你最想做的是什么？"

对于这个问题，笔者是深有体会的，因为我就不止一次地问过自己这个问题，我也很清晰地知道自己的回答——因为我至今还清晰地记得 2016—2017 年、2014—2015 年是 A 股大牛市；2009—2011 年是黄金白银大牛市；还记得哪些在半年内上涨超过 5 倍的 ST 股。而我从身边的朋友了解到的，也是如此。

然而巴菲特的回答让我震撼了！他的回答是："我依然会做我 23 岁时会做的。"

他投资并不是只看到钱，并不是以赚钱为唯一目标，他享受奋斗和研究的过程，对他而言最重要的是成长的过程，活在当下，不留遗憾。这就是投资大师的格局。

为什么要做风险投资？不去做理财

"富爸爸教孩子做风险投资，穷爸爸教孩子有钱就买理财。"这句话很值得深思（这里的"理财"指的是买"银行理财产品"）。

"穷爸爸"的教育当然是有原因的：第一，害怕风险，害怕亏损；第二，每天忙着赚钱解决温饱，没时间研究风险投资。这也是人们不愿意接受风险投资的最常见的两个最"有力的"理由。

对于第一点。富人之所以是富人，穷人之所以是穷人，这是由思维决定的。思维决定格局，格局决定生活。关于富人思维与穷人思维，网上有很多鸡汤文，各有各的说法。笔者得出最重要的结论是：富人不用考虑太多生活上的问题，所以有时间静下来思考长远的问题。而穷人每天都要忙于挣钱养家糊口，然后还要一直琢磨着怎么省钱，怎么把每一分钱花得最值，他们只看重那些立竿见影的、万无一失的财富增值方法，因为他们"输不起"。

富人不需要考虑太多眼前的事情，所以他们就想得远，想到那些短期可能不赚钱，甚至亏钱，但是一旦积蓄了足够的力量和时间，它的财富效应就会爆发。在我国，为什么现在实体行业越来越挣不到钱，为什么一开始忍受了10年不赚钱的马云和马化腾，成为今天中国不可动摇的两大巨无霸？这就是最好的佐证。富人跟穷人的差距，往往就在于是否踏出第一次成功的资本运作。

对于第二点。忙，是什么概念呢？忙，是一种病态，心忙则忙。认为自己的确很忙，忙得很正直的，不妨问自己两个问题：

第一，每天自己会打开微信聊天多少次？看电视、电影、八卦新闻、综艺节目多少次？每次花掉多少时间？还有其他毫无意义，但不知不觉还是每天做的事情。如果你仔细统计一下每天这些的总时间，会把自己吓个半死。尽管你会可能安慰自己，这些事情我两件，甚至三件同时在做的，效率可高了。这又怎么样呢？0+0不还是等于0吗？你会惊叹你用于工作学习和其他有意义事情的时间是如此之少。

第二，如果一天你能完成两个工作任务，当哪一天领导或者客户丢给你四个类似的工作任务的时候，你会怎样呢？你同样可以做完！或者还是只做了两件，但还是好好活着！所以这世界其实没有“忙”的人，只有不懂规划时间的人。碎片时间是不赚钱的，只有整片的时间才是赚钱的。学习投资的知识技巧固然需要整片的时间，制订交易计划也需要整片的时间，甚至对盯盘交易者而言，也需要整片的时间。这些整片的时间里面，你不能做其他任何需要动脑子的事情，必须把那些碎片事情（聊微信、看新闻等）全部赶出去。

关于碎片时间怎么拼成整块，例如上下班坐车的时间，这被公认的只能用来看电影玩游戏的碎片时间，你可以用来听课，可以用来小睡，换取自己在晚上有更多的有效时间（精神饱满的状态）去做重要的事情。这里不赘述，有决心的人总会找到解决办法的。

我们不可以创造富人的先天物质基础，但我们可以创造富人的思维环境。要在风险投资中降低风险，放大盈利，必须付出整片的时间去学习研究和实践，只有不同于常人的付出，才会有常人无法企及的成就。

我先试一试，如果投资适合我，我就做下去

对于任何一件有挑战性的事情，如果只是抱着“试试看”的心态去做，那么必然是要失败的。如果没有足够的渴望和执行力，只是抱着尝试的心态，那就是还没踏出去就先为自己找退路，这必然会失败的。

一般的事情，“试试看”的结果可能只是浪费了时间。而“试试看”投资的结果，不仅浪费了时间，还很可能要交出昂贵的“学费”。因此，要么就勇敢地踏出去，一往无前，要么就一步都不要踏出去。

第二节 交易技巧的核心内容

最重要的交易技巧——生存

在杠杆化投资盛行的今天，90 岁高龄的巴菲特依然坚持他的原则：公司要留有足够的现金。这是20个世纪的“老一套”了，但他正是凭着这百年不变的“老一套”，战胜了杠杆新潮，这是巴菲特近百岁还能生存下来的真理。

交易技巧的第一要旨是生存。理由很简单，如果无法生存，再多的交易技巧都没用。特别在杠杆化交易的投资市场里，生存显得更加重要，也更有难度。

在杠杆化市场中生存，有两项技能极其重要：

第一项是必须严格控制仓位。就如巴菲特的“老一套”，要留有足够的现金。追求利润最大化的杠杆交易，成功的时候固然风光，但只要一失

败，就会死得相当难看。巴菲特生存近百年的智慧值得我们无条件地尊重并复制——交易中必须严控仓位。

第二项是止损。根据笔者对历年投资者的统计，虽然严格止损的投资者不一定都能获得成功，但失败的投资者一定是不严格止损的。

关于止损的问题，不少投资者可能都会有难言之隐："我也知道止损重要啊，也不是我不愿意设置止损，只是经常都遇到扫损之后行情马上折回的情况，那种苦闷你懂吗？"

以下就介绍一种非常实用的交易技巧，专门应对扫损问题：

第一步：正常设置止损（设置止损的准确程度与个人的位置分析功力相关）。第二步：当止损被扫后，这时候关键步骤来了，盯好行情，或者设置行情自动报警，当价格重新回到进场价的时候，重新进场。如图2－1和图2－2所示。

第二步最多重复两次，出现第三次就要停止交易了，因为这说明你的

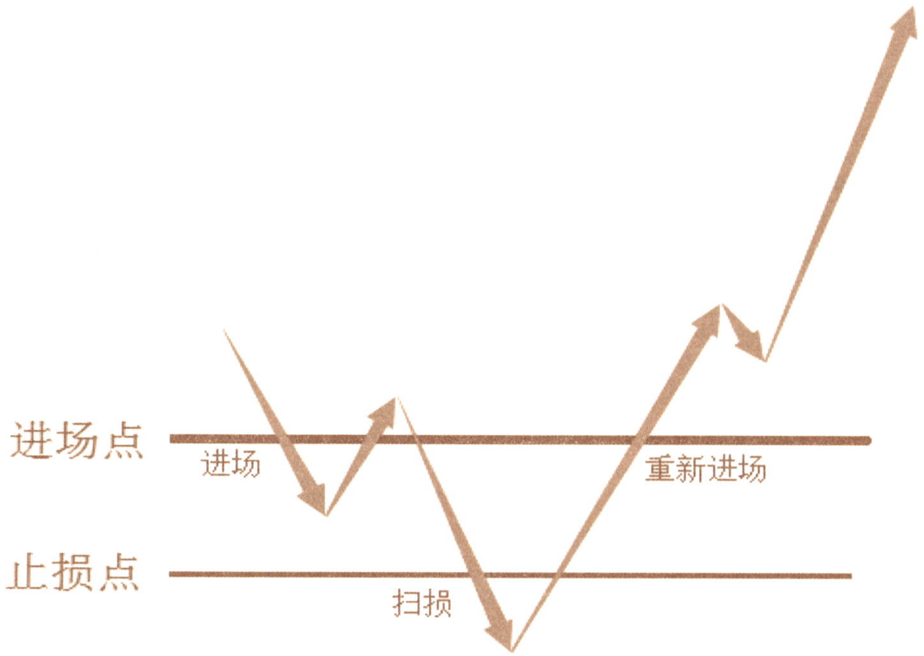

图2－1　应对扫损问题的交易技巧（1）

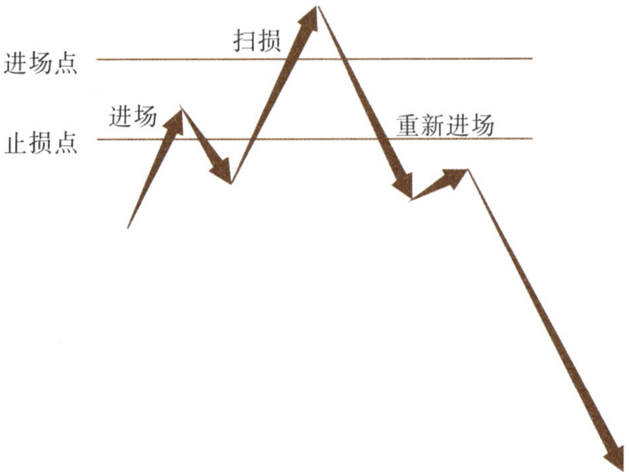

图 2－2　应对扫损问题的交易技巧（2）

进场和止损设置非常糟糕。

技巧是良好的交易心态——修炼出自己的心理境界

众所周知，投资交易过程中最大的敌人之一就是恐惧。

心理学研究发现这么一个心理现象：人在恐惧的时候，他就会产生强大的想象力，这个想象力正好会把他带向他恐惧的方向。就像我们小时候刚学会骑自行车，骑到池塘边的时候，本来骑得也挺稳的，但如果你很害怕会掉到池塘里，那奇妙的事情就会发生了——你真的就掉进去了。

不少投资者都有这样的经历：一笔自己很在乎的交易进场后，你在盯盘，你非常恐惧行情会朝相反方向走，当你越恐惧的时候，行情就偏偏越往反方向走。

良好的交易心态可以征服恐惧，可以消灭恐惧。

在物理学的热学里面有个比较高级的东西叫作“熵”，它的概念和计算比较复杂而且跟我们无关，但它的一个叫作“熵增加”的现象却给我们很大的启发。通俗来说，“熵增加”折射出这样一个现象：如果没有外力约束的话，事物总是朝着混乱的方向发展。这不仅适用于自然界，也存在于人类社会。

好比说，如果没有堤坝的约束，水总是要往低处流；企业如果没有管理的约束，员工总是会变得懒散。有秩序的事情才是赚钱的，放任自由的事情往往是错的。

正确的交易往往是不那么让自己感到舒服的，舒服的交易往往是错误的决策。良好心态的最大价值之一就是可以让自己接受不舒服的交易，让自己一次又一次地做不舒服的交易。正如职场高手的一个最厉害之处，就是他们能够在做着跟自己计划、心态相反方向的事情的时候，还可以表现出毫无瑕疵的激情。交易高手的厉害之处就是做着不让内心舒服的交易，长期接受着非“一笔盈利一笔了结”的简单交易理财现金流模式，并乐此不疲。

这是一种心理境界，我们可以修炼出来。

只有经历过更高强度恐惧的人，才可以克服恐惧。站在财富食物链上层的人，大都喜欢寻求刺激，他们去爬雪山，去玩荒野生存，做着那些常人都不理解的“怪事”。实际上他们是要让自己经受更高强度的恐惧（因为这些挑战会让他们经常遇到生死一线的恐惧，而这时候他们不得不做出最理智的选择），经历这些之后，回到创业、资本运营的正常生活中才可以冷静应对一些本来足以让企业灭亡的灾难。

我们做投资交易的同样非常需要修炼这种心理境界。对于有条件的投资者，应该为自己多创造承受高强度恐惧的机会。而更多的投资者并不具备这种条件，所以还是要老老实实地严格止损，不要去经历交易过程中给你带来的恐惧过程。

良好的习惯

如果你觉得修炼心理境界太抽象太虚无，那么就做一件实际的事情吧——养成良好的习惯。

每个人都有那么几个习惯，有好的习惯，有坏的习惯。你或许很清楚自己都有些什么习惯，但你很可能不知道这些习惯对你的影响有多大。

查尔斯·都希格的一部畅销著作《习惯的力量》里记载了这么一件

真人真事：

男主人公因为一次交通事故，进医院虽然度过了危险期，但不幸的是还是失忆了。他每天都极其健忘，以至于每天早上都需要他妻子重新告诉一次他是谁、她是谁。照顾这样严重失忆的人是非常累的，而且最怕的就是哪天他走丢了。

越恐惧的事情就越会发生，这个定律很自然地也发生在他们身上。有一天，男主人公真的走丢了，他的妻子在家里怎么也找不着。于是马上报警，通知亲戚朋友到处去找。当这些能做的工作都做了的时候，他自己回家了！他妻子又惊喜又好奇，后来她在她老公再次出走的时候跟踪他，发现他走到家附近一个公园的一张长椅上坐下。那瞬间她感动落泪了，因为他们以前谈恋爱的时候就是经常坐在这椅子上。

后来她把这件事告诉医生，医生就发现了这个惊人的结果：人的记忆分为显性记忆和隐性记忆，隐性记忆是就算失忆了，也是无法抹除的。隐性记忆就是我们俗称的“习惯”。

成功的人都是相似的，失败的人各有各的不幸。成功的交易者都有几个共同点：严格止损、科学的仓位管理、健康的体魄和良好的生活习惯。如图2－3所示。良好的生活习惯和健康的体魄可以让你在交易中不紧张、不恐惧、不贪婪、不抓狂。

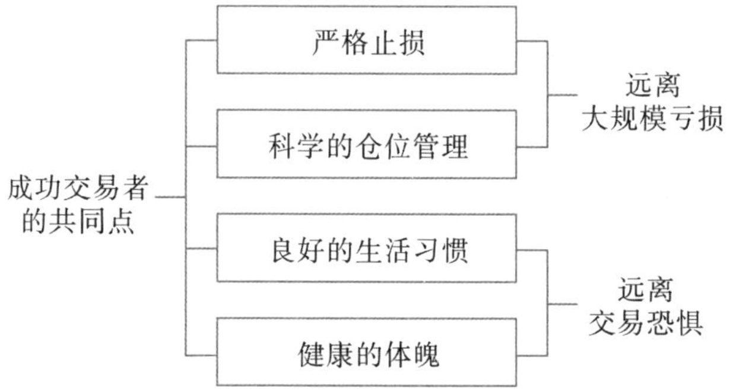

图2－3 成功交易者的几个共同特点

养成良好的习惯，说起来很容易，做起来非常难。

很多年轻人羡慕巴菲特、李嘉诚他们 90 岁高龄还可以每天 6 点起床晨运，无数人下决心也要这么做。但 1 万个年轻人里都找不到 1 个真能做下来的。原因很简单，习惯不是大脑一时发热就能养成的。你可以被励志文章感动一天，但不可能每天都被感动。习惯是要连续地、痛苦地坚持一段时间，而最最困难的也正是这段时间，这段时间撑过了，后面其实是非常轻松的，因为习惯已经养成了。

这段时间有多长呢？有两个最常见的版本：一个是 21 天，21 天养成一种习惯；另一个是 100 天，这是俞敏洪提出的，他认为坚持 100 天才可以彻底养成一种习惯。不管哪个版本，时间其实都不长，100 天也就 3 个月，很多人浑浑噩噩就过一年了。但为什么 1 万人里面 9999 人都不能坚持住 100 天，甚至 21 天呢？

因为“每天抽出 1 小时做一件事”说起来简单，听起来也简单，但做起来真的很难。现代人的忙碌程度跟以前互联网普及之前的年代是没法相比的。现在几乎每一个人，24 小时都是排满的，不管他是工作还是休闲，要抽出 1 小时，甚至半小时几乎是不可能的。一天两天可以，一周两周就不行了。因为你有旧的习惯，每天每个时间段有习惯在做的事情，到了这个时间，你就会不知不觉地去继续做件事——这就是习惯的力量，这就是旧习惯的可怕，它会时刻把你还没扎根的新习惯扼杀在摇篮之中。

养成健康的体魄，这也是养成良好习惯的一部分。如果我们每天保持足够的运动量，这对我们时刻保持积极、清醒的状态面对投资交易，是有直接帮助的。当然，你还是会有遇到紧张、恐慌情绪的时候，这时候要坚决停止交易。

光知道道理和理论是没用的，去实践吧！

我曾经熟知经济周期的知识，倒过来都背得烂熟，也熟知投资亏损应用如何的心态去应对。但当我身处美国第一次大萧条时期的时候，第一次蒙受巨大亏损的时候，我整个人都吓傻了！

我们看再多的书，学再多的理论，做再多的准备，都不如踏出实践的第一步来得更有意义。不用于实践的理论是毫无用处的，不用于实践的理论还不如不学。

一条木板放在平地上，一般人都可以轻易地走过去，但当这条木板架在两座悬崖之间，99%的人都走不过去——做模拟仓并不是实践，那是给你熟悉交易软件而已，模拟仓与真仓最大的区别就在于做模拟仓的时候根本不会承受心理压力，而投资交易过程中的决胜关键正在于此。

当你决定要进入投资交易领域的这一刻起，你就要尽自己最快的速度，抽出整片的时间，一边学习，一边实践，一边痛苦地磨炼，一边倔强地成长！

第二部分

T+D是目前最好的选择，没有之一

第三章　为什么进军T+D市场前，必先了解贵金属四大市场？

- 1. 四大贵金属简介
  - 黄金和白银
  - 铂金和钯金
- 2. 贵金属市场的关联性及ETF战略持仓路线
  - 四大贵金属市场的关联性
  - 四大贵金属ETF的持仓路线

第四章　为什么必须选择T+D，却不能直接分析T+D？

- 1. 国务院唯一批准的黄金交易所
  - 上海黄金交易所
  - 上金所的业务模式
- 2. 看国际走势，做T+D投资
  - 短周期级别的断点问题
  - 日线级别的技术形态不同步

黄金和白银市场的波动更接近于外汇市场，而非股票市场，由于日均波动幅度比股票小得多，所以不适合无杠杆交易，特别是中短线交易。这也是诸如商业银行的纸黄金、腾讯的黄金红包始终无法成为主流投资品种的根本原因。

相比 T+D 市场，如果在五年前、十年前，可能存在更好的投资渠道。但无论是每一个行业还是每一个市场，都要经历起步—加速成长—成熟这三个阶段，十年的百花齐放就是国内贵金属市场的加速成长阶段，目前已逐渐步入成熟期，而成熟期的标志就是百花凋谢，只留一支。近年“3·15”频频报道的非法贵金属交易所案例很值得重视，投资的第一重要的事情就是要确保资金安全。因此国家必将高度规范贵金属市场，整顿所有贵金属交易所，只留下一两家最规范、最具规模的金交所。

上海黄金交易所是国务院目前唯一批准上市的金交所，是国内最高度合法合规，也是最具规模的交易所。虽然目前 T+D 市场还存在时间断点、不能设置自动止损的不足，但这些都不能撼动它是目前最好的贵金属投资渠道的地位，因为这两个不足可以用分析技巧和一些简单的操作解决。

第三章　为什么进军T+D市场前，必先了解贵金属四大市场？

黄金T+D与国际金价并不是完全同步，为什么我还要先去了解国际黄金市场呢？

T+D只有黄金白银两个品种，了解铂金和铂金市场有什么帮助呢？

如果你不想在投资市场中饱受摧残，那么首先，要降低你的期望。如果你才刚进入投资市场，那么你是幸运的，因为你有机会这样做。

为什么进入T+D市场前，必须先了解贵金属四大市场？

T+D市场是基于世界贵金属市场的，世界贵金属市场将是T+D的最终形态，无论行情波动、交易品种还是交易机制。就这么简单！

目前，贵金属市场包括黄金、白银、铂金、钯金四大品种。其中黄金与白银的历史最为悠久，而铂金和钯金市场则在21世纪后才逐渐兴起，特别是2010年1月4日美国创立钯金和铂金ETFs合约之后。例如2010年初的时候，全球钯金ETF持仓量为117万盎司，而美国创立钯金和铂金ETFs合约之后，全球钯金ETF持仓量增加至166万盎司，这主要是由于美国的ETFs净买入了将近52万盎司钯金。

中国市场虽然已经紧跟国际市场发展步伐，但是国内市场的步调还是慢了一点。商业银行的纸铂金、纸钯金在2011年下半年才姗姗推出，而铂金T+D和钯金T+D截至2017年初还未具充分上市的条件，但这只是早晚的事情。提前了解铂金和钯金市场，我们可以提前把握别人无法把握的投资良机。

第一节　四大贵金属简介

黄金和白银

黄金自古就被誉为财富的象征，而且一直担当流通货币的职能。黄金是世界公认的、历史悠久的硬通货币，是国家储备的重要组成部分。黄金是稳定信用货币体系的工具，也是反映经济状况的标尺。

白银被誉为“穷人的黄金”，在充当货币和首饰时，大部分时候是黄金的伴生物。白银与黄金的历史价格比从1∶1到1∶100以上都出现过，目前基本稳定在1∶50左右。白银的货币属性弱于黄金，事实上也早已退出了货币体系，仅余的货币属性也只是因为金银价格比的约束和资金投机。

而商品属性方面，黄金只用于首饰与航空，工业作用的范围非常狭隘。相对而言，白银在传统产业拥有广泛的市场，在众多新兴产业中也有着非常大的应用潜力。所以白银的商品属性要明显强于黄金，与商品市场的关联程度也明显得多。

黄金和白银贸易/交易市场正式形成的标志是20世纪初伦敦金属交易所对外发布被广泛作为世界金属贸易基准的各种金属价格。相对于超过200年历史的世界金属期货市场来说，黄金和白银现货市场的百年历史也并不算得上是历史悠久。但是相对新兴的铂金和钯金市场，黄金和白银市场绝对算得上是老气横秋了。

黄金和白银是广大投资者熟知的两大金属，特别是黄金，在此就没必要做多余的赘述了。白银方面，在前作《白银投资技巧入门篇》里有极其详细的介绍，有兴趣的读者可以自行参阅。在这里要详细介绍一下广大投资者尚未熟悉的铂金和钯金。

铂金和钯金

在金属矿物分类中，铂金和钯金这两种贵金属都是属于铂族矿物。铂族元素矿物属自然铂亚族，包括铱、铑、钯和铂的自然元素矿物。颜色和条痕均为银白色至钢灰色，金属光泽，不透明；锯齿状断口，具延展性；为电和热的良导体。铂族金属延展性强，耐熔、耐摩擦、耐腐蚀。铂族金属以其特别可贵的性能和资源稀有而著名。

1. 铂族金属

（1）铂族金属矿床：

因为钯金是铂金的共生金属，所以钯金并没有独立的矿床，它是在铂矿床出产的。铂族金属主要产出于硫化铜—镍矿床。近年来，世界上发现了一些新的含铂矿床类型。例如：含铂黑色页岩铜矿床，各种铜、金矿脉中的铂矿床，含铂族金属斑岩型铜—钼矿床，含铂黄铁矿型铜矿床，含铂锡石—硫化物矿床，含铂铀—硫化物矿床等多种类型。南非是世界上三个主要产铂国家之一，世界上最著名的铂族金属矿床，就是南非的布什维尔德层状杂岩体铜—镍硫化物含铂矿床。铂族金属矿化集中于其中的梅林斯基层中。

（2）中国的铂族金属资源：

在中国，铂族金属资源分布较为集中，主要分布在5个省内，分别是云南、甘肃、四川、黑龙江和河北。其中，甘肃省的铂矿储量就占全国的57.5%，这5个省中，储量比较集中于甘肃金川、云南金宝山和四川杨柳坪三个大型矿床。

中国的铂族金属矿床类型多样，大部分储量集中于共生或伴生矿。目前，在云南铂矿中已发现有20多种铂族金属矿物，主要有：砷铂矿、碲铂矿、铋碲铂矿、铋碲钯矿、黄铋碲钯矿、铁铂矿、硫铂矿等。

（3）铂族金属回收：

铂族金属稀有而贵重，历来重视回收。废催化剂、废电器元件、含铂的残破器皿、废电镀液、珠宝装饰品厂的废料等都可从中回收铂族金属。这些废料含铂量高时可直接分离提纯；含量低时，须先行富集。液体废料可以加廉价金属进行置换，或加硫化物使其沉出，也可用电解沉积或离子交换法富集。固体废料可用铜或铅熔炼捕集回收。

其中，汽车催化剂转换器回收是二级市场上铂钯供应的主要来源。目前，全世界只有50%报废的催化剂转换器得到回收。今天回收的催化剂转换器的年龄大约是12年，自1998年启用。由于近些年装用数量的增加及铂钯价格的变动，回收率有望提高到70%。

目前大约每年可以回收250万盎司铂族金属。回收的钯金和铂金所占的比例大约是1.5∶1——也就是说，总量中钯大约占60%，铂占40%。预计在未来几年里，这个比会逐渐增加到2∶1，然后回落到1.2∶1，因为欧洲装有大量铂的柴油车催化剂转换器开始回收了。

2. 铂金

铂金（Platinum，化学符号为Pt），是一种天然的白色贵金属。铂金纯度通常可达到95%，国家规定只有铂金含量在85%及以上的首饰才能被称为铂金首饰，且必须带有Pt标志，只有铂金才可以称为白金。

铂金虽然被人们视为“新金属”，但是它的历史远比我们想象的更悠久，关于它的故事最早可追溯到20亿年以前，当时有一颗流星撞向地球，落到地球上成为陨石，而铂金则蕴藏于陨石之中，从那时的奇妙邂逅起，这种稀有迷人的宝藏就与地球结下了不解之缘。

据考古资料论证，在公元前700多年时，古埃及人已能将铂金加工成工艺水平较高的铂金饰品。中美洲的印第安人，远在哥伦布发现新大陆之前，也盛行过铂金饰物。然而，除此之外其他地区的人们对铂金则一无所知。直到十六世纪初，西班牙殖民帝国逐渐形成，大批的西班牙冒险家蜂拥到非洲和美洲去探金寻宝。当时，在厄瓜多尔的河流中淘金时，一再发现有一种白色金属混杂在黄金中，其实就是珍贵的铂金。但由于当时科学不发达，识别能力低下，面对着银晃晃的铂金，那些殖民统治者却把它称之为“劣等碎银”而弃之。

1748年，西班牙著名科学家安东尼·洛阿，在平托河金矿中发现了银白色的自然铂。他进行了仔细研究，发现自然铂的化学性质非常稳定，延展性极好，熔点亦高，相对密度极大，与金属银有明显的区别。自那时起，铂金逐渐得到人们的关注和研究，而安东尼则是第一位对铂金进行详细研究的科学家。

1780年，巴黎一位能工巧匠，为法国路易十六国王和王后制造了铂金戒指、胸针和铂金项链。而这两位则成为世界上有记载以来的第一位拥有铂金饰品的人。法国国王路易十六还宣布铂金是唯一适合国王的金属，于是铂金有了“金属之王”的美誉。从此以后，铂金声誉大振，一跃于黄金饰品之上，为皇亲国戚、达官贵人、巨富贾商所宠爱。

（1）纯铂金：

纯铂金是指含铂量最高或成色最好的铂金。其白色光泽自然天成，不会褪色，可与任何类型的皮肤相配，这让许多人都为它着迷。其强度是黄金的两倍，其韧性更优于一般的贵金属。如今纯铂金常用于制作订婚戒指，以表示爱情的纯贞和天长地久。在国外，许多人认为用黄金镶嵌钻石，可能导致钻石泛黄，从而大大降低钻石的价格。而用铂金镶嵌钻石，可以保持钻石的纯白颜色，特别是作订婚戒指，用铂金镶嵌钻石，既洁白又晶莹，象征纯洁的爱情永恒长久，在这方面它比黄金更受欢迎。

（2）铂金的储量与产量：

据不完全统计，世界铂族元素矿产资源总储量约为3.1万吨。其中，铂金总储量约为1.4万吨。虽然有60多个国家都发现并开采铂矿，但其储量却高度集中在南非和苏联。其中，南非（阿扎尼亚）的铂金储量约为1.2万吨，以德兰士瓦铂矿床最著名，它是世界上最大的铂矿床。苏联的铂金储量为1866吨，曾在乌拉尔砂铂矿中发现过重达8~9公斤的自然铂，在原生矿中也获得过重427.5克的自然铂。两者的总储量占世界总储量的98%。

在产量方面，世界铂金的年产量仅85吨，远比黄金少。全世界铂金的年产量，只有黄金年产量的5%。世界上仅有少数几个国家出产铂金。南非的铂金产量占全球总产量的80%以上，其余大部分是俄罗斯出产的。

（3）铂金的物理化学属性：

铂金比贵金属中的黄金、白银等更加稀少，因此也更贵重。铂金的特性决定了它有着广泛的用途。比如说，延展性强，可拉成很细的铂丝，轧成极薄的铂箔，强度和韧性都比其他贵金属高得多，所以人们对它有一个形象的说法：1克铂金即使是拉成1.6公里长的细丝，也不会断裂。

自然元素铂是地壳中一种稀有的贵重金属元素，天然铂金的矿物学名为自然铂。它是自然元素铂的单质矿物，其化学式为Pt。

铂金熔点高达1773.5℃，导热导电性能好，化学性质极其稳定，不溶于强酸强碱，在空气中不氧化。同时，纯净的铂金呈银白色，具金属光泽。铂金的颜色和光泽是自然天成的，亮丽的色泽经久不变。所以，人们乐于把铂金打造成贵重饰品收藏或者赠予亲朋好友，这些饰品可以世世代代传承下来，也寓意着生命之永恒、情谊之长久。

铂金不吸水银，并具有独特的催化作用，如今被广泛应用于汽车排尾净化装置，为保护环境做了重要贡献，尤其是目前正处于车辆铺满了道路的这种年代，“绿色大使”的称号，它当之无愧。可见，铂金的这些特性使得它在人们生活中得到越来越广泛的应用。

（4）商业应用：

几个世纪以来，铂金作为贵金属成员之一，可谓贵金属当中的奢侈品，备受世界顶级品牌和皇室贵族的青睐。法国国王路易十六就曾冠冕铂金为“唯一适合国王的贵金属”。铂金以其稀有珍贵，天然纯净，永不褪色的特性，当之无愧地被誉为“贵金属之王”。

化学工业中，铂金被用以制造高级化学器皿、铂金坩埚、电极和加速化学反应速度的催化剂，此外，铂铱合金是制造自来水笔笔尖的材料。可以肯定地说，铂金将越来越多地被应用于人们的生活。

铂金同时具有商品属性和金融属性。前者反映为供求关系的变化对其价格变动的影响，后者则主要体现为利用金融杠杆来进行投机的市场行为。通常情况下，由于铂金的工业需求较大，其更多体现的是商品属性。但在一些特定的历史时期，铂的金融属性则可能发挥重要的作用。我们在重视铂金供需基本面变化的同时，应密切关注其金融属性的演化，方可把握铂金价格运行的趋势转化。

3. 钯金

钯（Palladium），化学符号为Pd，也是铂族元素之一。1803年由英国化学家沃拉斯顿在分离铂金时发现。它与铂金相似，具有绝佳的物化特性，常态下在空气中不会氧化和失去光泽，是一种异常珍贵的贵金属资源。

钯金，这个名字来源于1802年新发现的太阳小行星Pallas－Athena。这是颗纪念古希腊神话中智慧及工艺女神雅典娜的行星。

钯金是世界上稀有的贵金属之一，2008年，钯金的世界总产量与铂金相近，不及黄金总产量的8%。(数据来源：《铂钯年鉴2009年》）钯金与铂金、黄金、白银同为国际贵金属现货、期货的交易品种，且历史上曾一度比铂金价格还高。钯金是一种不可再生的稀缺资源，随着不断的开采和市场需求的增加，其未来价值还将逐渐体现。

钯金的物理化学特性：

钯金，铂族的一员，外观与铂金相似，呈银白色金属光泽，色泽鲜明。比重12，轻于铂金，延展性强。化学性质较稳定，不溶于有机酸、冷硫酸或盐酸，但溶于硝酸和王水，常态下不易氧化和失去光泽。可以拿来单独做首饰使用，或作为金、银、铂合金的组成成分，来增加其硬度。

由此可见，钯金跟铂金有很大相似度，若说钯金是铂金的同胞兄弟，一点也不为过。一开始钯金只是充当配角，被人们用来作为铂金首饰的一种添加元素，近些年人们才将其作为主体元素制作成各种珠宝首饰。

4. 铂金与钯金的区别

钯金首饰是在铂金价格不断上涨的背景下应运而生的。如前面介绍，同属一族的钯金和铂金，颜色和外观都很接近，但是钯金“出道”的时间却落后很多，在人们心目中的地位和铂金也有一段差距。铂金作为消费热品，其首饰制品的价格一路上涨。直到近年来，铂金门槛越来越高，所以钯金被推陈出新了，不仅仅充当金银的合成成分，还作为一种纯钯首饰一跃而出。在珠宝厂家的致力研究下，推出了含量达到900‰的纯钯金饰品。也正因钯金和铂金的众多相似之处，所以作为纯钯金饰品，它一点儿也不俗。

尽管如此，钯金在价格上还是和铂金有一定差距的。因此，市面上就出现了这样的一种现象：个别不良商家恶意混淆概念，将钯金饰品当作铂金饰品来卖给消费者，从中大量赚取利润。

世上没有完全相同的两片叶子，钯金和铂金自然也有着不同之处。首先，铂金密度较大，同样大小的首饰，铂金比钯金要重很多；其次，规范商家都会在饰品上标明饰品成分，一般用金属代号表示，铂金代号 Pt，而钯金的代号为 Pd，在挑选的过程中可用放大镜去观察饰品上标明的究竟是 Pt 还是 Pd；再次，钯金饰品的价格要低于钯金饰品价格。

在国内，人们日常口中所说的白金，其实是指铂金。但是白金和白色 K 金又是两回事，铂金（白金）不存在 18K 或者 24K 等概念，铂金的纯度标志是 Pt850、Pt900、Pt950、Pt990 以及 Pt999，其中 Pt999 就是千足铂。而白色 K 金也即是 K 白金，它并非天然白色，因为它的主要成分是黄金，是黄金与其他金属熔炼而成的合金，有各种颜色，其中混入 25% 的钯或镍就呈现白色。白色 K 金的“K”是外来语“Karat”一词的缩写，完整的表达法是“Karat Gold”，按国际标准，K 金分为 24 种，即 1K 到 24K，1K 的含金量约是 4.166%。目前，各国采用的首饰材料都不低于

8K，所以，实际上真正算作首饰用的K金种类是只有17种。而其中，14K和18K是使用最多的。

综上所述，白色K金就是不纯的黄金，我们也可以将它们概括为一个简洁明了的式子：铂金=白金=Pt≠白色K金。钯金和铂金的区别既然是存在的，那么只要细心甄别自然可以分辨出来。

第二节　贵金属市场的关联性及ETF战略持仓路线

四大贵金属市场的关联性

四大贵金属是关联性很强的品种，大多数时候四大贵金属价格是同向波动的，分析行情的时候，特别是分析短线行情的时候，经常可以利用关联分析，解决趋势不明显的问题。但正如前面所述，四大贵金属的货币属性强弱不同，商品属性方面也各有不同的用途，所以尽管它们波动方向相同，但波动幅度却相差甚远。

黄金是货币属性最强的贵金属，货币属性是贵金属的根本属性，所以黄金是四大贵金属之首。国际贵金属市场中，黄金市场的容量远大于其余三种贵金属的市场容量，所以四大贵金属的关系就酷似大盘与个股的关系。黄金相当于大盘，其余三种贵金属相当于个股。

以黄金为首的贵金属市场正处于因全球信用货币流通泛滥所致的长期牛市当中，所以黄金价格走势就像处于长牛时期的大盘指数，稳健上行。而其余三种贵金属价格走势则像处于长期牛市当中的个股，在总体上行的基础上，表现并不稳健，而是因庄家的介入而在某阶段进入领先于大盘的局部大牛市，但不久之后就会因为庄家的撤离或者转战而向常态轨道回归。

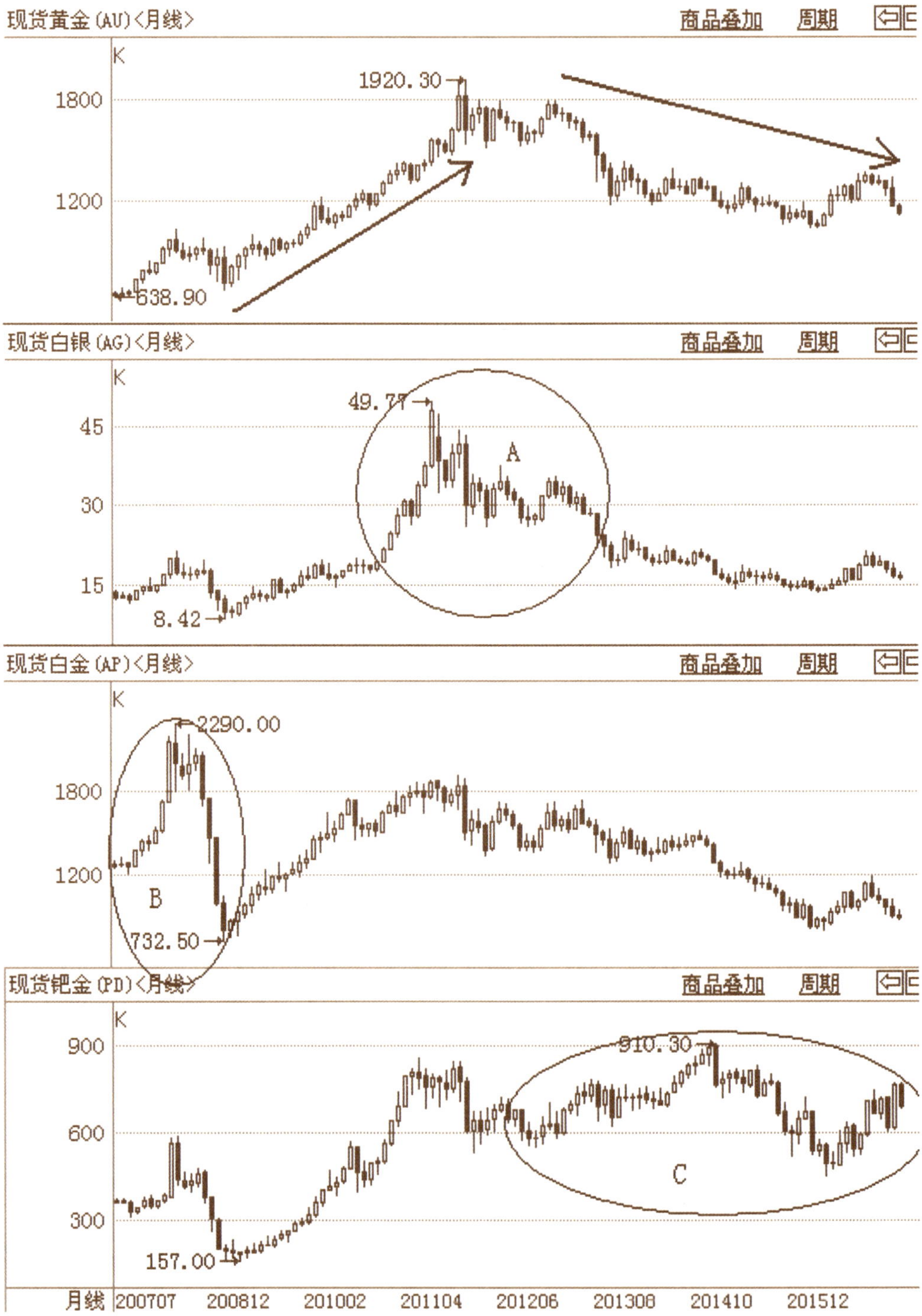

图 3-1　四大贵金属的一段同步行情对比

图 3－1 所示的是四大贵金属从 2007 年到 2016 年底的同步月线图，图中可以非常清晰地看到四大贵金属的宏观走势就像经历了一轮大牛市加一轮大熊市的大盘指数与三只实力不同的个股。

无论是长期牛市还是长期熊市当中，都有那么一些个股在兴风作浪，在大盘中表现异于一般，吸引市场强烈的关注。

在黄金整体走势是稳健上行的阶段，可以看到，黄金的每一波加速上行的牛市，都总有一只贵金属被主力兴风作浪。例如，最广为人知的就 2007—2008 年铂金的暴涨暴跌（图中 B 处标示）、2010—2011 年的白银跨年度超级牛市，然后在拉登被击毙为导火索的背景下迎来快速持久的下跌（图中 A 处标示）。而在 2012 年起的黄金长期熊市阶段，钯金如我们在 2012 年预测般，奇迹般强势抗跌，表现出局部的超强保值能力（图中 C 处标示）。但是纵观长周期的宏观走势，无论是白银，还是铂金、钯金，这些“个股”还是保持跟随黄金“大盘”的运行节奏波动。

因为铂金和钯金的市场容量比白银市场小，而且国内铂金和钯金市场的交易体制相对黄金和白银更不成熟，所以铂金或钯金的局部牛市并没有引起国人关注，从而错失了 2/3 的交易良机。目前，国内铂金和钯金投资市场逐渐完善，在贵金属市场驰骋的投资者不妨多关注这两个市场，做好充分的准备，当机会来临的那天，就可以抢到第一块蛋糕。

四大贵金属的 ETF 持仓路线

贵金属 ETF 是以贵金属为投资标的的 ETF，全球最大的贵金属 ETF 持仓路线既反映国际主力资金的中长线动向，也间接反映全球投资者参与贵金属投资的热度，所以全球最大的贵金属 ETF 被广大投资者作为分析或交易时的一个风向标。

但是由于 ETF 的持仓是实物持仓，盈利模式也是集中在中长期的长线盈利，所以大多数投资者由于不得其法，而参考 ETF 持仓增减来指导短线交易，跟随 ETF 每天持仓增减情况来指导交易的后果是惨不忍睹的。切记，ETF 持仓路线的参考价值是长期的战略布局！

黄金是贵金属的领头羊，以 SPDR 为代表的黄金 ETF 也具有最稳健的参考意义，所以先来看一个黄金 ETF 持仓路线的例子。

图 3 -2 所示的是 2013—2015 年的国际现货黄金日线走势与同步 SPDR 持仓路线复盘图。SPDR 是全球最大的黄金 ETF，是最能代表全球黄金 ETF 战略持仓路线的 ETF。

粗略看，SPDR 的持仓路线与国际金价的波动几乎是同步的，毫无前瞻性可言。这也是大部分投资者无论从微观还是宏观上研究黄金 ETF 的预测效果都无功而返的主要原因。

图 3 -2　国际金价与黄金 ETF 对照图（2013—2015 年日线图）

要在投资市场中脱颖而出，就要洞察出一般人无法看到的。细看图中的一些重要高低点的对比，就会洞察出一些“端倪”。

2013年和2014年是沉闷的震荡行情，近两年时间金价都被限制在1200~1400美元/盎司区间震荡。

B1和C1是金价的两个经典的高点，两个高点相差很小；而对应SPDR同期持仓量高点B2和C2，却是有显著差距，C2明显大幅低于B2。这意味着SPDR在金价震荡过程中悄然加速减仓，看空后市。

A1和D1是两个经典的低点，两个低点也是相差不远；而对应SPDR同期持仓量低点A2和D2，差距比B2与C2的差距更加夸张。

于是，这两年的SPDR持仓路线就注定了金价在2015年更加苦海沉沦。

在2015年的走势中，我们却发现两个经典的金价高点E1和F1，对应的SPDR持仓高点E2和F2的差距明显比金价下降得缓和。这意味着SPDR一边向市场展示“中立”的态度，一边悄然在大力建仓，为2016年金价大幅反弹埋好了铺垫。

因为考虑到年度绩效，黄金ETF有时也需要抓住一些跨度略小的行情。因此，黄金ETF的长线预测功能不仅可以预测跨年度的长线行情，年内的中线行情也大有用武之地。

图3-3所示的是2016年的国际现货黄金日线走势与同步SPDR持仓路线复盘图。可以看到，从2月下旬到6月下旬，金价处于箱体震荡格局，但在A1和B1这两段时间的震荡里，同期的SPDR持仓却是明显地单边上升。这就是SPDR悄然加速建仓的信号。这两次加速建仓后，金价迎来了7月份的金价大涨行情。

如果说黄金是贵金属里稳健的典范，那么贵金属里最“异军突起”的就要数钯金了。我们来看一个钯金ETF持仓路线的例子。

图 3-3 国际金价与黄金 ETF 对照图（2016 年日线图）

图 3-4 所示是 2010 年初到 2013 年初的国际现货钯金周线走势与世界钯金 ETF 伦敦与苏黎世部分持仓路线对照图。

从总整体持仓路线来看，相对于同期的金、银、铂，主力资金似乎对钯金最缺乏坚定的信心。这是因为钯金是四大贵金属中商品属性最强的一个：白银在大部分时期与黄金保持相对稳定的比值以充当货币职能；铂金被视为比黄金更为珍贵的金属；而钯金则与黄金扯不上多大关系。所以钯金的走势特征与普通大宗商品更为相近。同样，钯金 ETF 的持仓也就显得灵活，或者说“不够稳重”。

然而，正因为它的“不够稳重”，我们却可以更方便地分析到持仓路

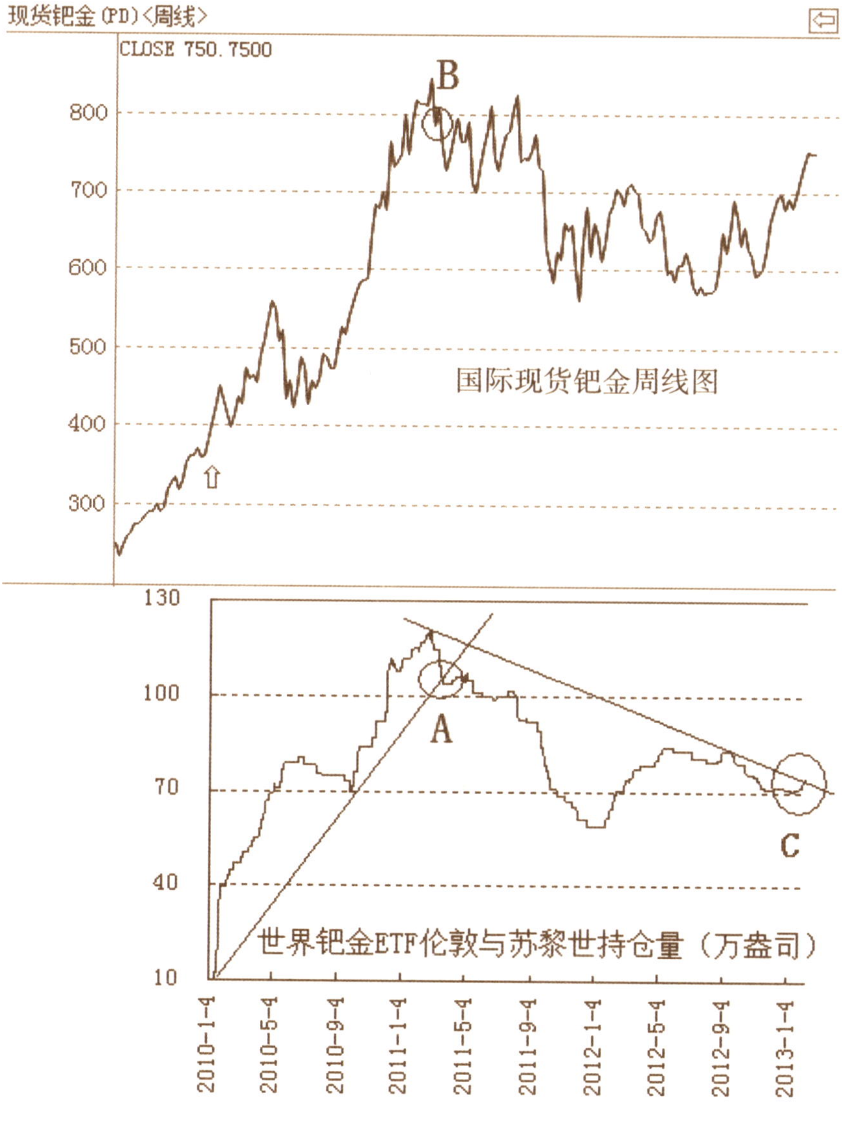

图 3-4　国际钯价与世界钯金 ETF 对照图

线的趋势变化。

如图中 A 点所示，这是持仓路线下破上行趋势线的下破点，也即主力资金在前期布局获利后撤离资金的第一个信号。可以看到，同一时间对应的是国际现货钯金周线图的 B 点位置，这是中长线多转空的最有利的位置。这个位置预判后，钯金如期见顶回落，抓住了近 30% 的可观跌幅。

在 2013 年初，世界钯金 ETF 持仓在 C 点不但与对照的钯金价格形成底

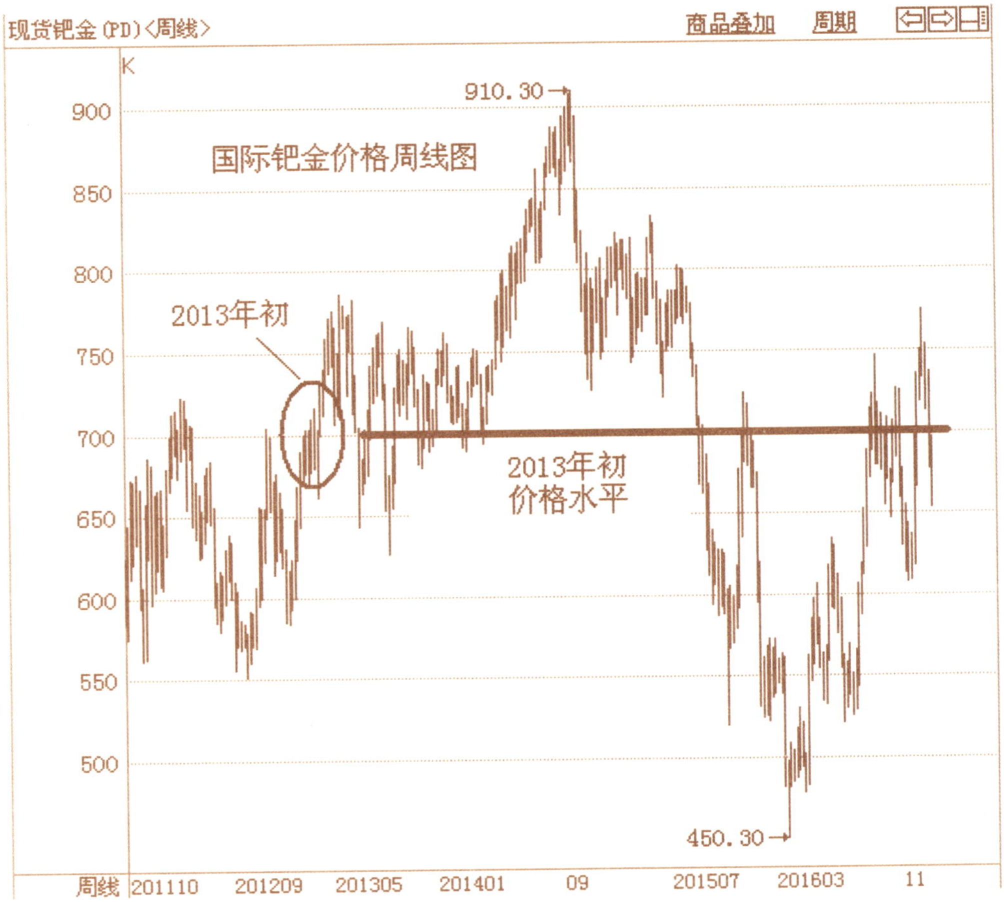

图 3-5 钯金的后续行情

背离形态，更是初步上破下行趋势线。这是世界钯金 ETF 极强的看涨信号。

因此，当时（2013 年初）我们曾在众多媒体上对当时不被看好的钯金做出大胆果断的预测，预言后市 1～2 年内钯金走势将明显强于金银铂三大关联市场。

图 3-5 所示的是接下来 3 年（2013 年初至 2016 年末）国际钯金价格的周线走势图。可以看到，在接下来的 3 年内，钯金价格围绕 2013 年初价格水平上下波动，坚挺地维持在当年价格水平。而同一时期，国际金价下跌 31.46%，国内金银价下跌 46.81%，国际铂金价格下跌 40.75%。钯金价格在贵金属市场中表现极其强悍。

第四章　为什么必须选择 T+D，却不能直接分析 T+D?

除了银行的账户贵金属，国内投资黄金白银的渠道似乎还有不少，有些手续费还特别优惠，为什么必须选择 T+D 呢?

直接分析 T+D 市场，指导自己的 T+D 交易，会出什么问题呢?

我们不能改变世界。一般聪明的人懂得去适应世界，特别聪明的人懂得让世界为他服务。

自从 2008 年黄金市场在国内正式兴起，国内的各种黄金白银交易所就如雨后春笋般涌现，国内贵金属市场经历了近 10 年的百花齐放阶段。

无论是每一个行业还是每一个市场，都要经历起步—加速成长—成熟这三个阶段，10 年的百花齐放就是国内贵金属市场的加速成长阶段，目前已逐渐步入成熟期，而成熟期的标志就是百花凋谢，只留一支。因此国家必将高度规范贵金属市场，整顿所有贵金属交易所，只留下一两家最规范、最具规模的金交所。

上海黄金交易所是国务院目前唯一批准上市的金交所，是国内最高度合法合规，也是最具规模的交易所。因此，上海金交所的黄金白银 T+D 是国内贵金属投资者的唯一选择。

然而，由于目前国内市场机制的成熟程度还没达到完全开放的水平，所以 T+D 市场不可避免地存在开市时间的断点，从而 T+D 在日线以下级别的走势图是不连续的，即使日线级别走势也与国际行情存在开盘价、收盘价、最高最低价的误差。因此，我们投资贵金属必须选择 T + D，却不能直接分析 T + D。

第一节　国务院唯一批准的黄金交易所

上海黄金交易所

上海黄金交易所（以下简称“金交所”）是经国务院批准，由中国人民银行组建，中国唯一的、专门从事黄金交易的国家级市场，于 2002 年 10 月正式运行。

成立 14 年来，金交所始终坚持服务实体经济和金融市场的产业发展原则，努力为投资者提供多元化的投资渠道和丰富的产品，已逐步发展成为中国黄金市场的核心、枢纽以及全球重要的黄金、白银等贵金属交易市场。自 2007 年起，金交所连续 9 年位居全球场内黄金现货场所交易量第一。目前在全球共有会员 250 余家，境内机构客户超过 1 万户，个人投资者 900 余万人。

近年来，上海黄金交易所积极落实国家战略，服务市场需求，不断推进业务创新。2014 年 9 月交易所推出了“国际板”，使全球投资者可使用离岸人民币参与金交所交易，实现了国内黄金市场和国际黄金市场的有效联通。2016 年 1 月，交易所推出国家级市场首款移动互联交易终端“易金通”，打造惠及群众的“百姓金”平台，推动黄金投资实现便利普惠。2016 年 4 月，交易所发布了全球首个以人民币计价的黄金基准价格——“上海金”，为黄金市场参与者提供了良好的风险管理和创新工具，加快了中国黄金市场的国际化进程。

未来，上海黄金交易所将以建设一个国际一流的综合性黄金交易所为总体目标，坚定不移地实施“市场化、国际化”的发展战略，打造反映人民币黄金市场需求的“上海金”和普惠金融战略的“百姓金”品牌，努力推动金交所实现从现货交易为主向现货和衍生品交易多元化方向发展，从激发黄金的商品属性交易为主向商品属性和金融属性交易为主，从以国内市场为主向国内和国际两个市场并重的“三个转变”，更好地服务于黄金产业及国家的经济金融发展大局，为中国金融市场的改革开放、人民币国际化深入推进贡献力量。

上海黄金交易所的业务模式

1. 黄金、白银T+D

在2017年初，上海金交所的黄金T+D业务和白银T+D业务的日均交易量均已突破150亿元。其中黄金T+D日均交易量5万公斤以上，白银T+D日均交易量400万公斤以上。

2. 黄金ETF基金

黄金ETF基金（Exchange Traded Fund）是上海金交所的另一项重要业务，指的是将绝大部分基金财产投资于上海黄金交易所挂盘交易的黄金品种，紧密跟踪黄金价格，使用黄金品种组合或基金合同约定的方式进行申购赎回，并在证券交易所上市交易的开放式基金。目前有5家业务代办会员单位：

（1）交通银行股份有限公司（2013年7月核准加入）。

（2）深圳金融电子结算中心（2013年7月核准加入）。

（3）中国工商银行股份有限公司（2013年7月核准加入）。

（4）中国银行股份有限公司（2013年11月核准加入）。

（5）海通证券股份有限公司（2016年4月核准加入）。

3. 国际板

为了给全球黄金市场提供更多的投资机会，同时使中国黄金市场更好地融入全球市场，经中国人民银行批复，上海黄金交易所于2014年9月开通了国际板业务（SGE International）。“黄金国际板”即是在中国（上海）自贸区推出的首个国际化金融类资产交易平台。全球投资者可以通过开立 FT 账户，使用离岸人民币、可兑换外币参与上海黄金交易所交易，联动欧美等境外黄金市场，实现全球对接。国际板区内区外实行分区交割，封闭清算，上海黄金交易所指定交割仓库负责办理交割相关业务。国际板业务流程如图 4－1 所示。

汇丰、渣打、丰业、高盛、瑞银、澳新银行等全球知名银行，瑞士美泰乐、贺利氏（香港）、瑞士庞博等全球各大黄金精炼企业及其他投资机构已成为首批 40 家国际会员。

国际板的推出是中国及全球黄金市场上的一件大事，她实现了中国黄金市场境内境外的互联互通，有助于人民币国际化进程，随着未来更多的国际投资者参与，上海有望成为纽约和伦敦之后的全球三大黄金定价中心之一。

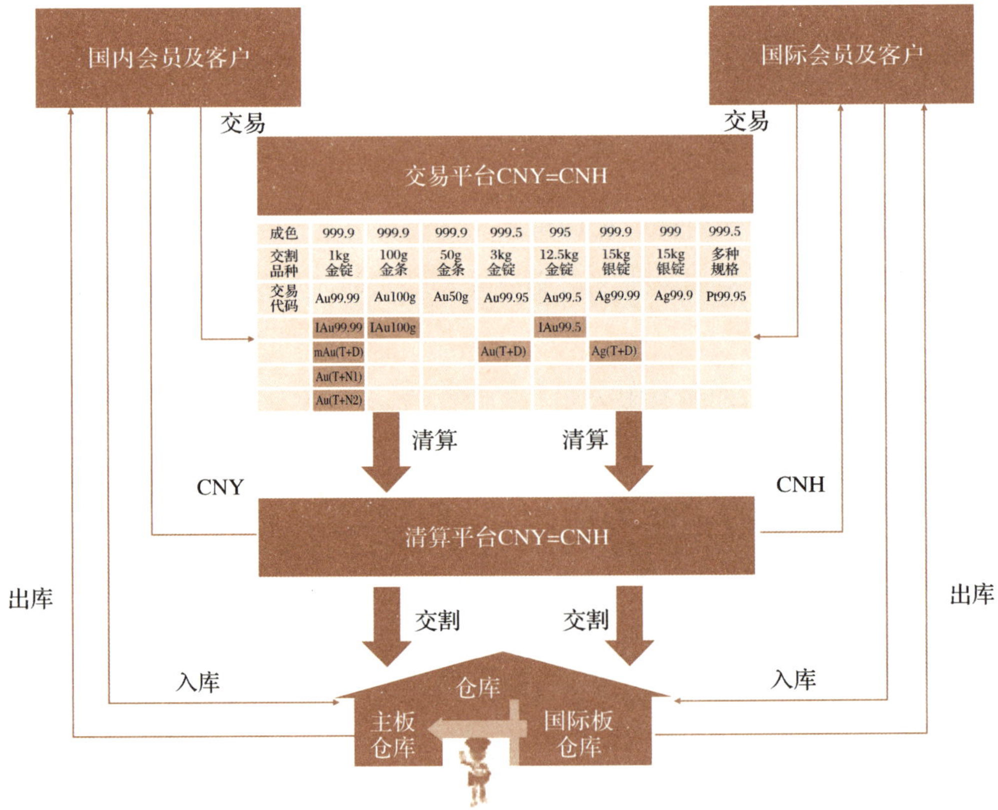

图 4－1　上金所国际板业务流程

4. 上海金

继2014年9月推出黄金国际板后，上海黄金交易所创新再推高潮。2016年4月19日，上海黄金交易所在上海国际会议中心举办“上海金”定价发布仪式，发布全球首个以人民币计价的黄金基准价格。

中国人民银行副行长潘功胜、上海市人民政府副市长赵雯，以及来自世界黄金协会、世界白银协会、国际铂金投资协会、国内外主要产金、用金企业和黄金投资机构的近400位代表出席了发布仪式，共同见证“上海金”基准价格的诞生。

随着中国黄金市场不断开放，以中国等为代表的亚太地区逐渐成为全球重要的黄金生产和消费区域，全球投资者对于以人民币标识的黄金产品的交易和价格风险管理需求不断增长。上海黄金交易所积极顺应国内外黄金市场发展趋势，结合自身优势，面向市场研发设计推出以人民币标识、交易和结算的黄金集中定价机制。“上海金”定价业务，是指在上海黄金交易所的平台上，以1公斤、成色不低于99.99%的标准金锭为交易对象，以元/克为交易单位，通过多轮次“以价询量”集中交易的方式，在达到市场量价相对平衡后，最终形成“上海金”人民币基准价格。上海黄金交易所负责定价业务平台的系统开发和运行维护，并对整个定价过程进行监督管理，防止价格操纵，保证价格的公允性。[①]

第二节　看国际走势，做 T+D 投资

处于非完全成熟阶段的 T+D 市场，不可能像伦敦金交所那样实现24

① 以上内容主要来源：上海金交所官网。

小时连续不间断开盘交易。而争取世界黄金定价权的“上海金”只是起步阶段，国内金价目前依然只能被动地跟随国际金价运行。

这样一来，日线以下级别的走势图就必然存在断点，即使日线级别走势也与国际行情存在开盘价、收盘价、最高最低价的误差，从而影响技术指标的表现，甚至K线形态的表现，使技术分析出现偏差。

如图4-2所示，这是国际金价与黄金T+D的同步1小时走势图。在24号16：00~17：00，国际金价从均线组上方回探120均线并受到明显

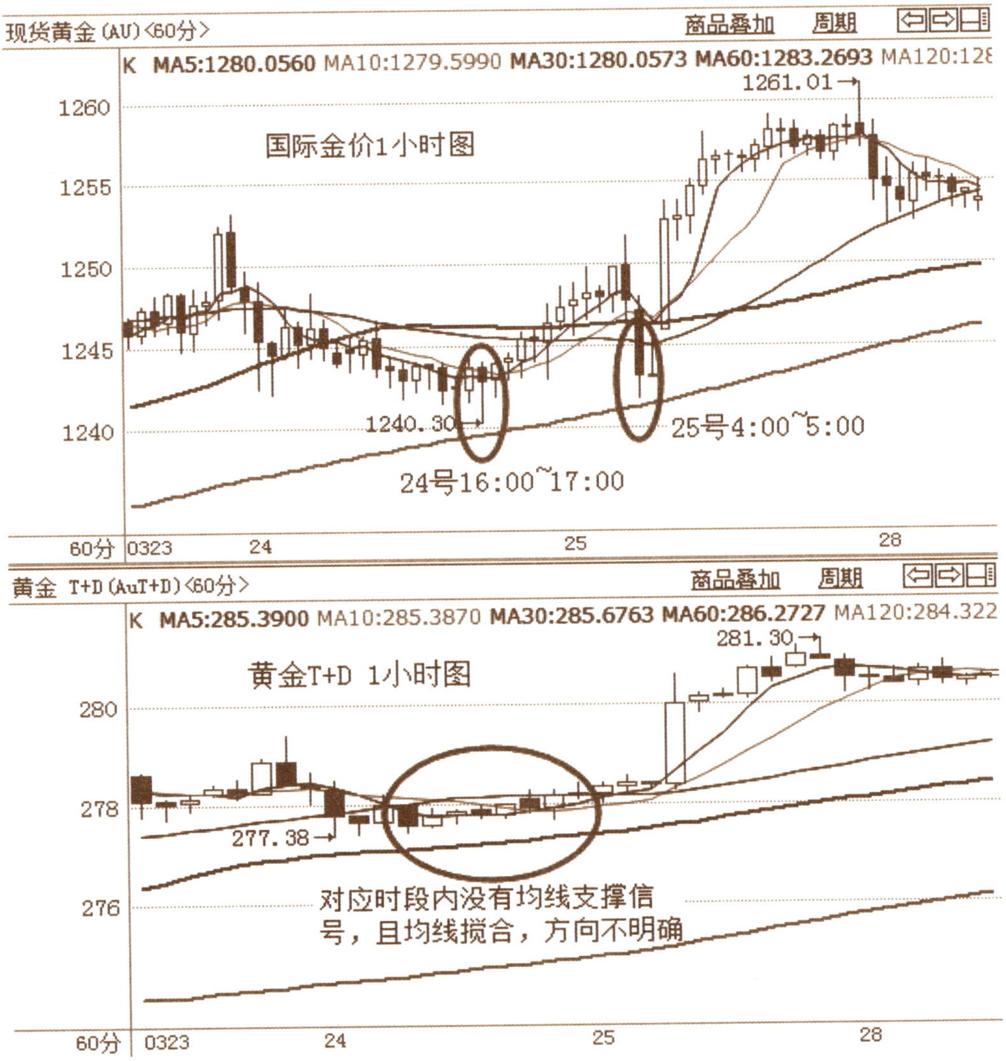

图4-2 T+D市场休盘期的做多信号

买盘支撑，这是非常好的买入信号。在25号凌晨4：00～5：00，金价再次发出同样的买入信号。

从复盘行情可以看到，这两个买入信号之后都迎来了不错的上涨获利空间。但对于T+D市场，这两个时段都处于休盘期，因此这两个买入信号根本不会在T+D的走势图中出现。

如图4－3所示，这是国际金价与黄金T+D的同步日线图，图中标注

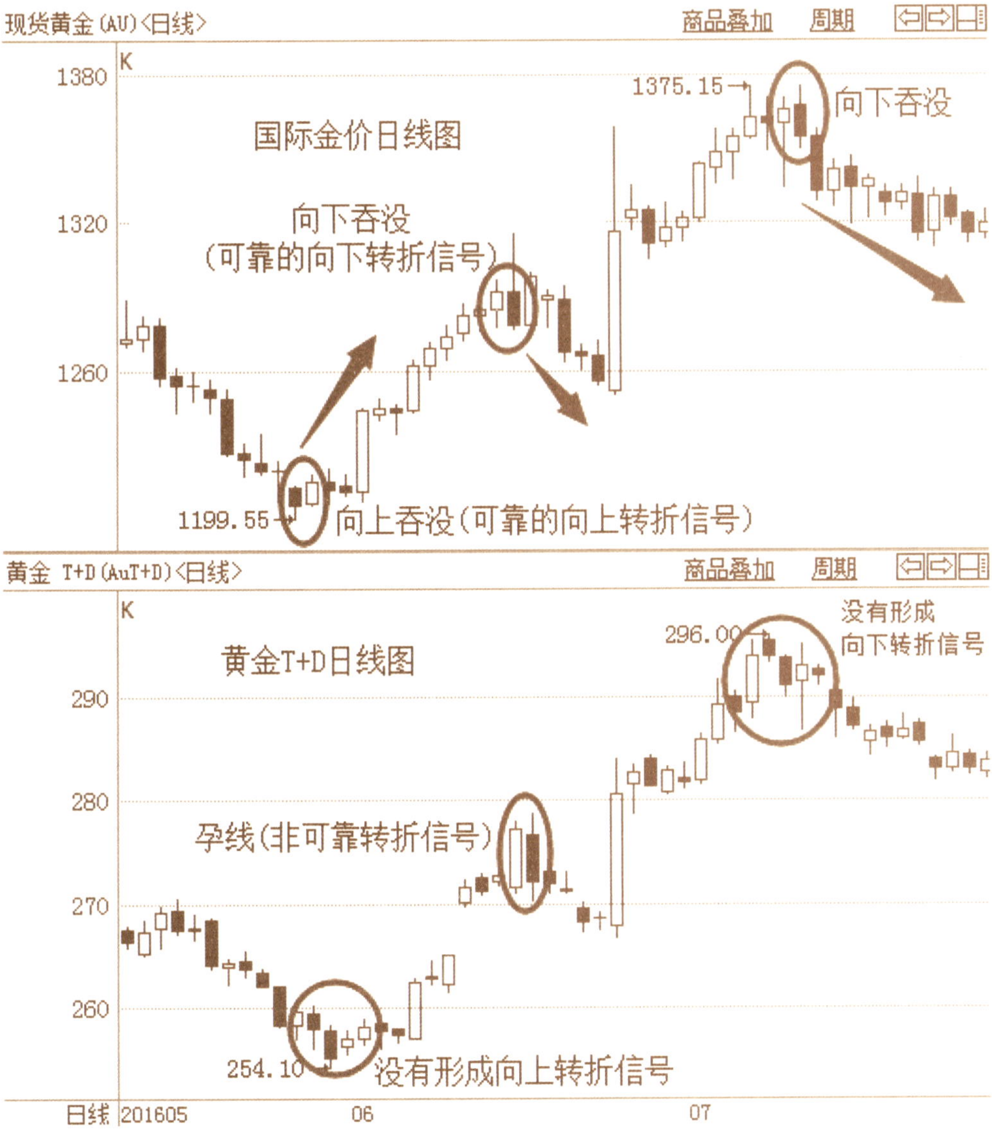

图4－3　K线不同步造成的K线微观信号缺失

了三次在国际金价走势上出现的可靠K线转折形态，但在同步的T+D日线走势中都没有形成相应的信号。也就是说，如果单看T+D走势图做分析的话，就白白错过了这三次交易良机。

不仅在K线形态本身，即使在日线级别的走势图上，也存在对技术指标的影响而造成交易信号偏差。如图4-4所示，对2016年12月和2017年1月的两个多头趋势中的低点连结得出的上行趋势线，国际金价

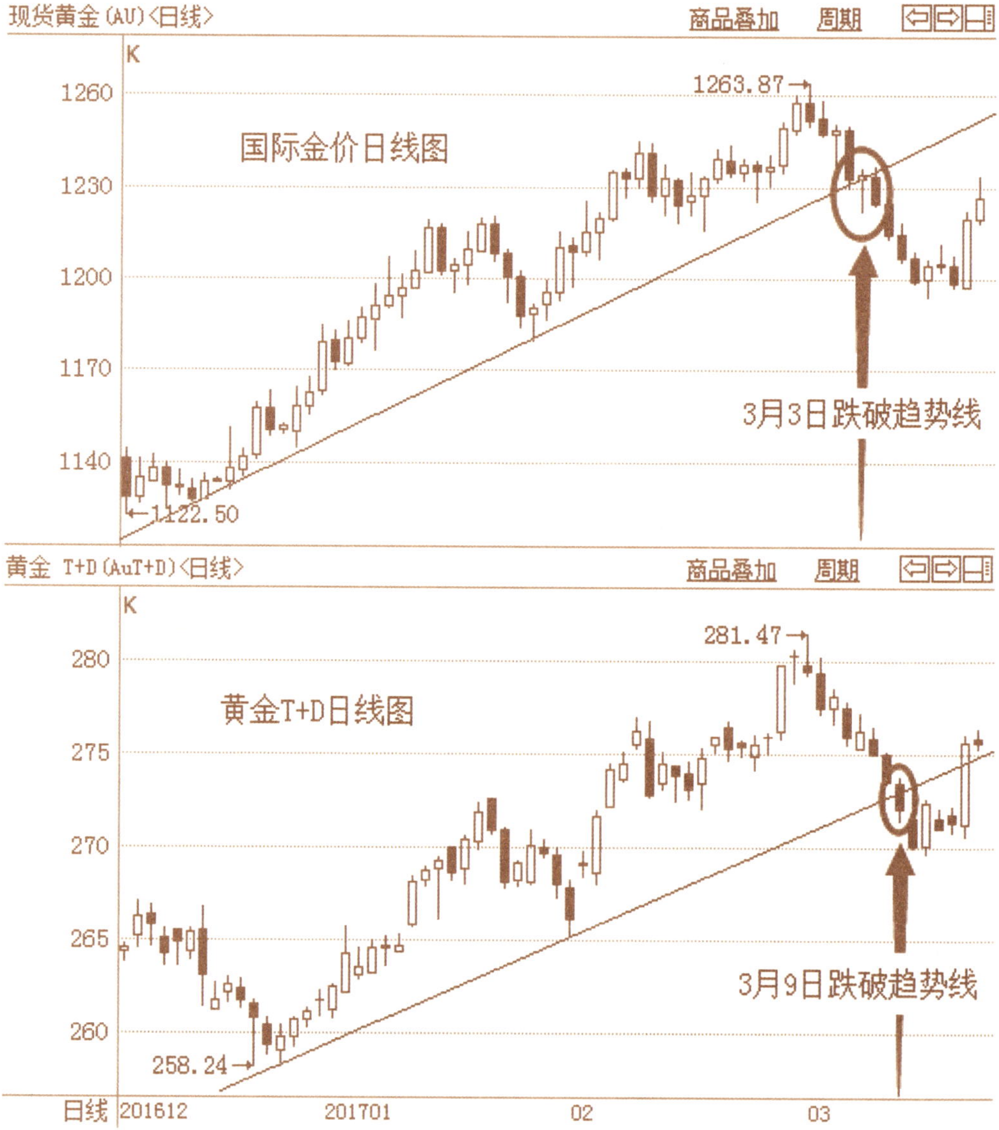

图4-4 行情断点造成的价格趋势线信号延迟

在 3 月 3 日就跌破，跌破后还有 30 美元/盎司的下跌空间。但在黄金T+D的走势中，跌破趋势线延后到 3 月 9 日，当时整个回落波段已经接近尾声。

因此，我们做贵金属投资必须选择黄金白银 T+D，但是做分析的时候却不能只看 T+D 走势。

注意了，是“不能只看 T+D 走势”，并不是“只看国际市场走势”。

虽然在不少时候，T+D 相对国际市场走势存在不足，但并不是说 T+D的技术分析意义就一定不如国际市场。对于一些进阶的技术分析，在 T+D 市场中同样适用，甚至有些技术分析在 T+D 市场中表现得更优秀。这将在后面的技术分析章节逐一揭晓。

第三部分

基本面分析的2.0时代

- 第五章　判断长线和中线趋势看重要基本面
  - 1.如何发掘和筛选重要基本面
    - 选对媒体
    - 抓准焦点
  - 2.领会新时期基本面影响机理的捷径
    - 欧债与QE萦绕的2012
    - 加息预期贯穿的2014
    - 欧美格局主导的2016
- 第六章　判断短线趋势看日常基本面
  - 1. 基本面分析第一大技巧——简单的顺势而为
    - 黄金的双重属性
    - 以不变应万变
  - 2. 从数据曲线的角度洞悉美国经济数据的真正影响机理
    - 数据曲线是什么
    - 真正的影响机理
- 第七章　判断行情属性看市场心理
  - 1. 基本面分析第二大技巧——与技术面相互影响
    - 技术面影响基本面结果
    - 基本面左右行情属性
  - 2. 节预期行情才是主战场
    - 重要基本面制造宏观预期行情
    - 日常基本面制造微观预期行情
- 第八章　这些特殊的技术方法可以快速判断趋势和属性
  - 1. 最快速的趋势判断技术
    - 趋势指标存在的问题
    - 三线系统快速判断趋势
  - 2. 最有效的行情属性研判技术
    - 勉强凑合的三线系统
    - 优化升级的ATR

在整个市场的参与者中，基本面分析派和技术分析派大致各占半数，并不是说基本面分析不实用，所谓存在必有理，只是说很难发挥实用价值。从结果就可以很明显地看到，二八市场的客观存在，反映传统的基本面分析或者纯粹的基础技术分析都无法在贵金属市场中生存。

传统的基本面分析很容易入门，但大多数人只停留在判断消息利多利空的层面上，甚至搞不清消息面的性质，只是人云亦云，更不用说消息面之间的互相影响关系，以及其他更深层次的关系。所以，利用基本面指导分析和交易的效果不好，只是说明还停留在肤浅的理念阶段。当今能依靠基本面分析立足贵金属市场的投资者，都是把基本面分析得透彻，分析得纯粹，再结合市场心理分析，也就是基本面分析的2.0体系。这样无论是对宏观行情，还是微观行情，都有非常好的掌控能力。基本面分析的2.0时代，只有快速转换思维，用心钻研的投资者，才可以在贵金属市场继续驰骋。

第五章　判断长线和中线趋势看重要基本面

判断中长线趋势为什么只看重要的基本面？

怎样把“重要基本面”发掘和筛选出来？

交易和分析技能就像运动技能一样，没有什么一蹴而就的秘密，没有一步登天的捷径，而是需要经过反复的锤炼才可以掌握。而导师的作用就在于，可以让你少走弯路。

前面简要介绍了各种基本面因素的分类、逻辑层次和影响性质，而在每天都充斥着不同消息面的实际市场里，各种基本面因素的影响力，是否对贵金属市场产生影响，哪些因素更容易受市场参与者关注而产生更大的影响，哪些因素无须理会，等等，都不尽相同，掌握各种基本面的分类和逻辑层次并不是全部。

授之以渔只是入门。与会捕鱼、能以捕鱼维生甚至致富，是完全不同的两回事。入门可以通过别人传授，精通只能靠自己付出大量的实践来达成。基本面的分类和逻辑层次可以让初学者甚至经验投资者少走弯路，但是要真正掌握贵金属基本面的影响机理，仍然需要大量的经验。好比说“美元加息”，它的影响机理就不是简单的利好或者利空，它的影响时间也不固定是短期还是中期，它甚至不能单凭自身事件确认是属于经济因素还是金融因素。当多个基本面因素同时出现或存在的时候，还有更复杂的互相影响。

获取大量经验的途径也不是只有一条，本章的主要内容就是为投资者提供一条“捷径”。走捷径的效果当然不及走正路，但是对于时间有限的投资者来说，这条捷径不但可以帮助更早到达目的地，还可以少走很多弯路。这条捷径的原理从统计的角度来详细探讨基本面对贵金属市场的影响机理。所以再强调一次，这不是一条能把你直接从起点带到终点的捷径。如果你不具备一定的实际分析或交易经验，这条捷径的内容你无法体会。通过了这条捷径之后，你仍需要大量的实践，以巩固和强化成自己的体系，这样才能最终到达目的地。

有一些狂热的投资者也致力于统计基本面的影响历史，企图从中发现不变的真理，可惜这种简单的统计并不会帮助他们发现真理，只会让他们在牛角尖里困得更牢，成长的道路中只有很少的捷径，但是歧途却有很多。大部分基本面的影响都不是短期的，不过多数人都从短期走势去反推基本面的影响性质，所以耗费大量精神而不得其解。所以，科学的统计首先要弄清楚哪些基本面值得统计，然后要清楚重要基本面的影响持续时间，最后才可以得出基本面的历史影响机理。

第一节　如何发掘和筛选重要基本面

要理清基本面因素对贵金属市场的影响机理，首先要清楚哪些是重要的基本面。市场每天都有无数的基本面消息涌现，但是对贵金属市场产生影响的只是一小部分，也就是前面谈及的四大因素范畴。这只是筛选的第一步。即使属于能对贵金属市场产生影响作用的四大因素基本面，也不是每个基本面都能对贵金属走势产生明显作用，其中产生作用最大的那些基本面，我们称之为“重要基本面”。重要基本面对行情的影响占主导地位，影响力明显大于其他基本面。如果不能筛选出重要基本面，那么即使掌握基本面的影响机理，市场走势也总会在你意料之外。

每一段时期对贵金属市场产生主要影响的重要基本面一般只有一到两个，所以把握宏观或中观趋势的首要任务就是找出这段时期的重要基本面，第二步才是对它进行影响机理的分析。

筛选之前先简单介绍一下如何发掘。有投资者会问，基本面需要发掘吗？各大财经网站每天都有一大堆。又或者会问，是不是有什么秘密的途径获知一般途径无法看到的重要基本面呢？这两种问题都属于极端，各大网站良莠不齐，我们不可能每个都去看完，也不存在秘密基本面的说法，价格走势是市场全体参与者交易行为的最终反映，秘密的、鲜为人知的基本面又怎么能对行情产生影响呢？

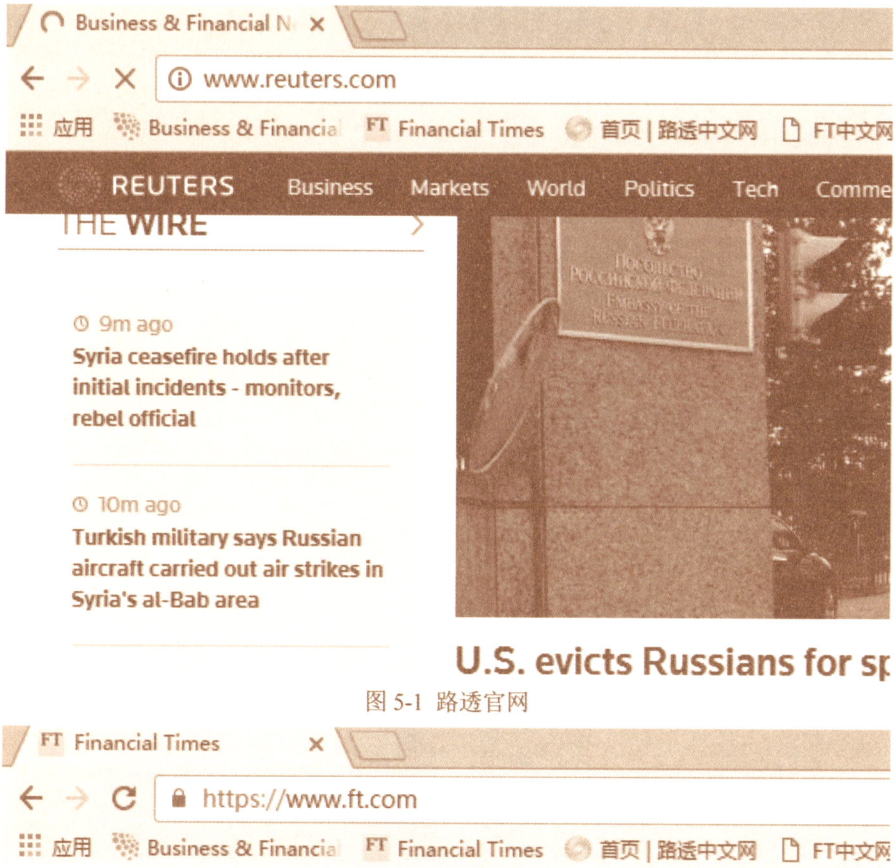

图 5－1　路透官网

因为，发掘的主要任务是找出最有效的基本面消息获取途径，也就是大部分市场参与者都在关注的途径。目前贵金属市场主要还是欧美世界的市场，所以我们只需关注美国和欧洲最权威的官方财经网站公布的重要消息，它们分别是美国的 Reuters 和欧洲的 Financial Times，如图 5－1 和图 5－2所示；中文网站分别是路透中文网和 FT 中文网，如图 5－3 和图 5－4 所示。

图 5－2　FT 官网

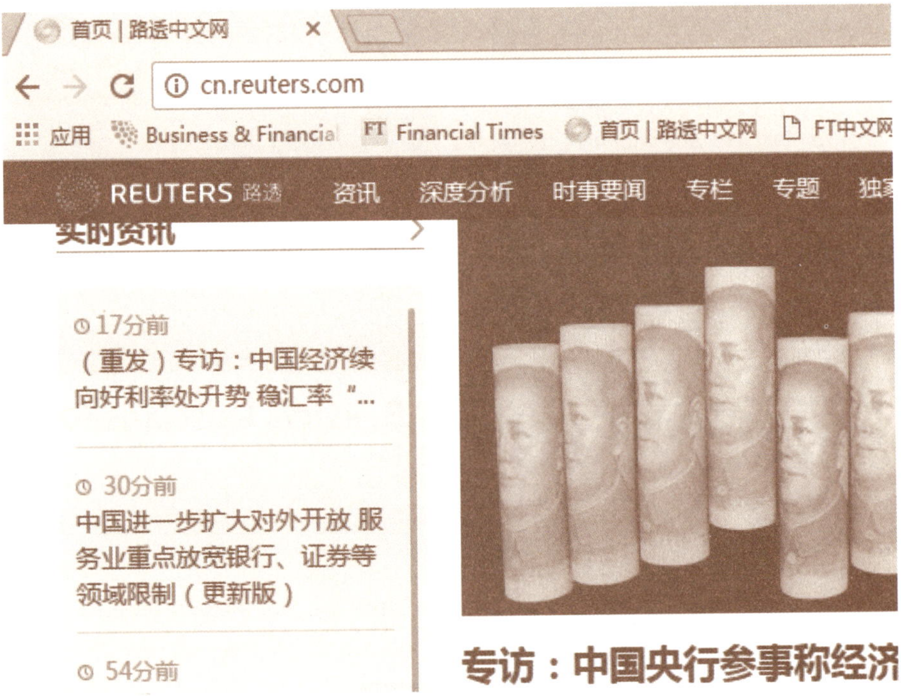

图 5－3　路透中文网

图 5－4 FT 中文网

这两个网站囊括所有重要基本面，而且不存在扰乱视线的小道消息，是全球投资者关注度最高的两个官方网站。这两个网站的头条消息往往就是当时的市场焦点。

值得注意的是，这两个网站的中文网比较偏重中国本土的消息，一些比较细节的基本面只在主网站发布，而且同一则消息面的发布也存在时间上的不对等。尽管如此，借助中文网已经可以很好地把握影响中观和宏观趋势的重要基本面，但如果想第一时间获悉重要基本面和相关细节，又具备相应英文阅读能力的话，主网站是最好的选择。

接下来就是筛选。筛选讲求的是基础、经验和技巧。最直接的是基础和经验，有坚实的经济学理论基础的投资者可以分辨甚至自行进一步分析重要基本面；有长期投资经验的投资者也具备独立于理论的敏锐触觉。那么对于两者都不具备的投资者来说，也不是只能听天由命，而是可以用技巧来弥补。

这种技巧的原理是基于重要基本面对行情影响的本身的逻辑关系。重要基本面之所以能够决定贵金属市场的中观甚至宏观趋势，是因为在这个时期内，它在一直推动和维持着这种趋势。怎么推动和维持呢？就是让市场主要参与者一直关注和意识到这个基本面，所以关于这个基本面的各种消息就会在主流网站上频繁出现。

欧债危机从 2010 年 2 月开始一直贯穿市场，接下来两年主流网站上关于欧债问题的进展几乎每天都有相关报道。朝韩争端作为 2010 年 12 月的重要基本面，主流网站上也频繁公布其进展、恶化和扩散的相关消息，12 月过后基本上消失，朝韩争端的影响也悄然褪去；2012 年第四季度的主要基本面是美国面临财政悬崖，这 3 个月内，各种对财政悬崖的担忧和缓和的安抚消息就开始频繁出现，主导了第四季度的中观趋势，直至 2013 年元旦过后，影响才随着消息面的公布频率消退。还有 2014 年 6 ~ 7 月的伊拉克内战、2015 年末美元的首次加息、2016 年第 4 季度的美国总统大选……具体细节在此不一一赘述，有兴趣的读者可以查阅相关资料细细体会。

简而言之，频繁出现的基本面就是那个时期的重要基本面！

第二节　领会新时期基本面影响机理的捷径

本节选取 2012 年、2014 年、2016 年的各个重要基本面对贵金属市场的影响进行一次历史性的梳理，这种方式可以让投资者身临其境地快速经历这三年有代表性的贵金属市场，以最快、最高效的方式获得经验，除了可以更实际地掌握基本面分类与逻辑层次的知识，还可以比一般人少走 3 ~6 年的弯路，免去无数的碰壁和迷惘的洗礼，赢在起跑线上！

这三年历史的重要基本面，其中一部分统计素材源自黄金投资策略网的贵金属年度分析报告，读者可以在官网的研究报告专栏查看原文章资料。

以下分析并非按层次轻重顺序，而是按实际时间推移的顺序讲解，让读者从实际环境中去体会各种基本面因素在不同环境下的具体影响机理；以及多因素存在的情况下，各因素并不是独立的，它们或相互包含，或相互影响，甚至相互抵触。领略重要基本面是如何决定宏观或中观趋势。

2012 年，QE3 与欧债危机萦绕，金价 M 型激荡

上半年，QE3 预期与欧债问题主导市场，贵金属价格先扬后抑。

2011 年 12 月的美联储会议纪要一经公布，QE3 的憧憬就开始伴随着市场度过了大半个年头，这不仅是因为从纪要内容来看暗示 QE3 大门依然敞开，而且当时的对宽松持鹰派态度的主要成员将在 2012 年不具有投票权，也就是说 2012 年美联储内部具有投票权的主要为鸽派阵营，这为 2012 年施行量化宽松大大减少了阻力，虽然后来是在 9 月份正式推出 QE3，但是在年初 QE3 的预期已经相当强烈。由此金价从阶段底部反弹，两个月内上涨了超过 270 美元，在 2 月 29 日最高到达 1790 美元，而银价

从低位反弹最高超过 11 美元，2 月底创下了年内 37.47 的最高点。

地缘政治方面，伊朗局势也推动了金价和油价的上涨，1 月初，欧盟同意封杀伊朗石油，这推动了避险情绪的升温，2 月 15 日伊朗国家电视台宣布伊朗在核技术上取得进展，贵金属市场跟随原油市场在 2 月下旬加速向上冲击，如图 5 - 5 所示。

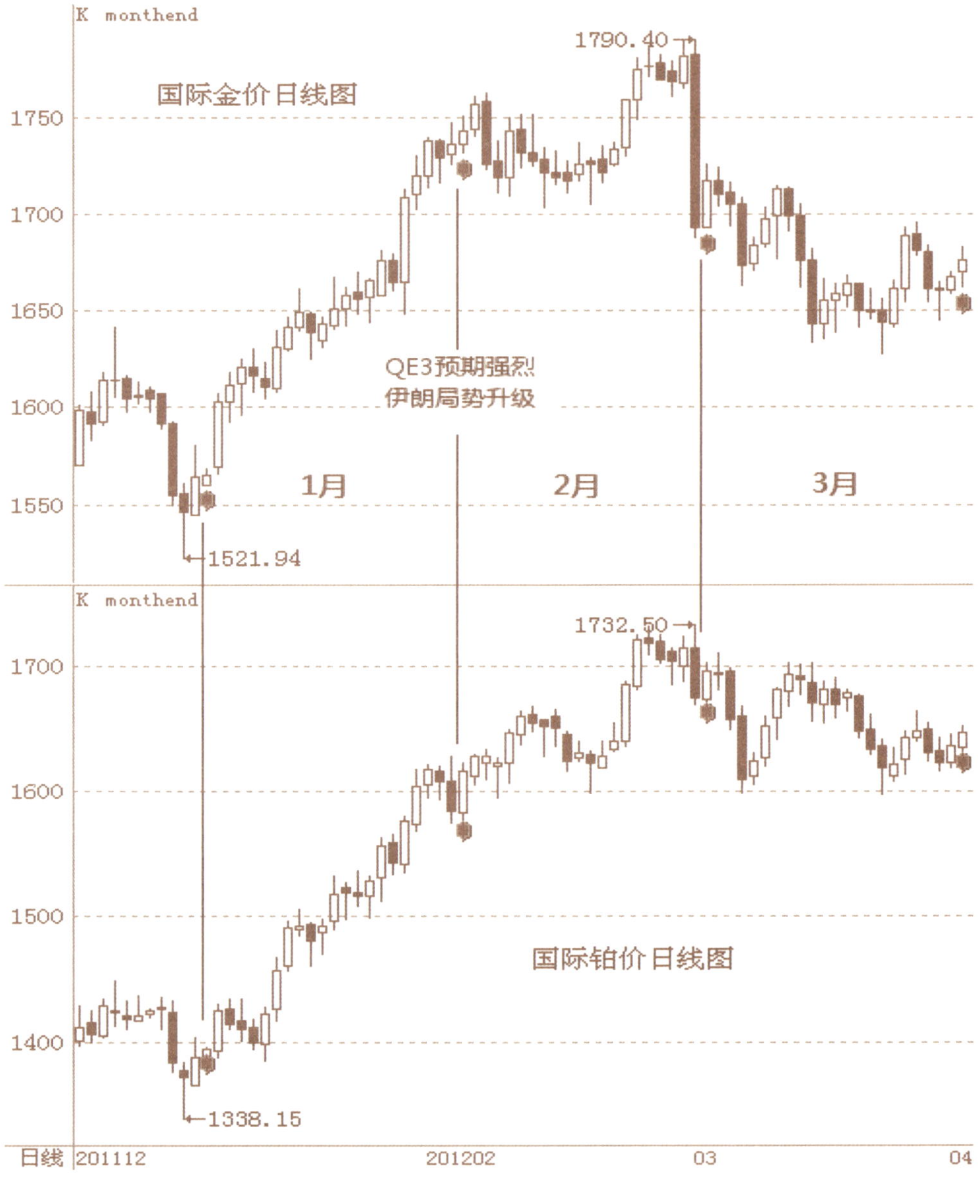

图 5 - 5 重要基本面如何决定中长线趋势（2012 年第一季度）

欧债方面，前两个月欧债的消息相对平淡，对贵金属的影响暂时退居二线。值得一提的是，2 月 3 日公布的 1 月美国非农就业人数增长 24.3 万人，远大于预期 15 万人的增长，同时失业率走低至 8.3% 也创下当时近 3 年来新低，市场一度削弱了 QE3 的预期，使得黄金一度出现明显调整，不过后来美联储主席伯南克在国会中的证词表示就业市场依然糟糕，暗示 QE3 的可能性并未降低，使得金银企稳并在 2 月底创下阶段性新高。而纵观本年度的非农行情，大部分都是通过就业情况来左右 QE 的预期从而影响贵金属的走势。

从 2 月的最后一天直至 5 月中旬，美联储以及伯南克在此期间的连番表态出现较大转折，显示对 QE3 的热情明显减退，在此背景下现货金银在这两个半月的时间里一路下行，完全跌去了前两个月的所有涨幅。

2 月 29 日晚间，美联储主席伯南克在众议院金融服务委员会发表半年一度的证词，称当前经济处于持续复苏的阶段，但失业率依然高企，需要生产力和需求的进一步增长，但并没有对 QE3 有任何暗示，贵金属闻讯暴跌，现货黄金一度下跌超过 90 美元，而现货白银也收盘下挫近 6%，均为年内之最，而在 3 月 1 日伯南克的讲话中依然没有提到 QE，而在 4 月 3 日的美联储 3 月会议纪要中，虽然有部分委员依旧认为在经济增长乏力或者通胀过低的情况下需要退出进一步的刺激措施，但持有上述观点的委员远比 1 月份的少，这显示美联储决策层对推出新一轮 QE 的热情已经明显减退，现货黄金连续两天出现明显回落。美联储和伯南克的连续释放出的信号使得市场已经意识到在当时来讲短期内推出量化宽松的机会不大。

而风险情绪主要受到欧元区方面的影响而持续低迷，2 月 29 日欧洲央行也推出了自己的量化宽松，即长期再融资计划（LTRO），融资金额超过预期，为 5295.31 亿欧元，比 2011 年底的第一轮 LTRO 多出了 500 亿欧元，由此开始了欧元的调整，而且由于欧债危机的拖累，欧元区的制造业 PMI 连创新低，而这时候欧债的焦点——希腊和西班牙的局面也开始令市场担忧。

西班牙的债务危机渐渐愈演愈烈，市场担心由于西班牙在接下来的偿债高峰期无法偿还到期债务而导致其国债收益率不断走高，因此4月26日国际评级机构标准普尔宣布下调西班牙主权信用评级。而希腊的政局变化也引起了市场对于希腊退出欧元区的担忧。5月6日希腊的大选中两大支持接受欧元区援助的党派新民主党和泛希腊社会主义运动党虽然获胜，但票数仅略微领先，而其他党派都反对紧缩，也即反对接受欧元区援助，如果无法组成联合政府，在此情况下就需要再次举行大选，而希腊此时如果不按照欧元区的要求实行紧缩政策，就有可能导致得不到所需资金而被迫退出欧元区，在此背景下希腊退出欧元区的风险正在上升，流动性紧缩直接打击贵金属市场，其中铂金市场受打压最为严重，如图5-6所示。

下半年，欧债雾散与QE3出炉助推贵金属市场回升，财政悬崖又引抛盘热潮

第三季度，欧债危机和美国糟糕的宏观经济数据继续打压市场的风险情绪，避险情绪持续升温，推动贵金属市场筑底回升。

美国6月1日公布5月的非农就业人数仅上升6.9万，远低于预期的15万人，同时前值也遭到大幅下修，数据说明美国就业市场还远没有恢复过来。市场对于美联储推出QE3预期重燃，6月20日的美联储公开市场委员会（FOMC）宣布延长第二轮扭转操作（OT2），以及7月初的非农数据都给金银造成短期打压，但很快又重回震荡走势，原因就是市场对短期内推出QE3的预期先是被泼了冷水，但是冷静下来回顾这些表面的措辞和数据之后发现QE3并没有发生太大的改变。虽然FOMC延长了OT2，没有推出市场急盼的QE3，但在会议的政策声明中提到了针对就业的走软和失业率的高企，强调美联储仍将随时推出新的货币刺激政策，而失业率虽然一度小幅回落，但那只是没有变的更坏，并不是说已经开始有所改善。

欧债危机在这个阶段最为水深火热，希腊问题依然是这个阶段欧债危

图 5－6　重要基本面如何决定中长线趋势（2012 年第二季度）

机的焦点，希腊 6 月 17 日会再次举行大选，在选举前支持和反对紧缩的政党的支持率不相上下，预示着选举结果以及希腊是否面临着推出欧元区都面临着非常大的不确定性。因为一旦希腊退欧，将引发更大的连锁反应，欧元区甚至面临着分崩离析的风险。德国、法国，以及欧元区都在为避免希腊退出欧元区而做了各种努力和让步，同样美国也不希望看到希腊退欧导致的欧元区进入更严重的衰退，这对刚刚开始复苏的美国经济也是非常不利的。

最终，反对紧缩的左翼政党在大选中落败并宣布不会参加组建联合政府，希腊退欧的风险已经大为降低。6 月 29 日，由于德国最终做出让步，欧盟两大援助基金——欧洲金融稳定机制（EFSF）和欧洲稳定机制（ESM）将开始直接购买深陷欧债的国家的国债和直接向这些国家的银行体系注资。针对西班牙银行业体系资金断链，7 月中旬的欧元区财长电话会批准了西班牙银行业的援助计划条款。虽然在 7 月份的第一周，中国、英国以及欧洲央行先后降息，被认为是对全球经济放缓的严峻预期，欧元受到降息和风险情绪打压继续往下寻底，但是欧债危机最坏的时刻已经过去。

这些经济因素总体显示欧债问题放缓，流动性的初步释放为贵金属市场震荡筑底提供了温床。

9 月 13 日，万众期盼的 QE3 在美联储的议息会议后终于揭开了它的面纱，美联储将以每月 400 亿美元的进度进一步购买抵押贷款支持证券（MBS），并将继续“扭转操作”，这意味着美联储每月增持 850 亿美元的长期证券，同时并没有明确结束的时间和规模，只是“持续到美国劳工市场改善”。QE3 作为金融因素，中短期影响力远远不及 QE2，虽然更加泛滥的流动性注入市场，但是 QE3 对贵金属市场的长期作用力并没有马上表现出来，甚至在不久后的美国财政悬崖预期下阶段性筑顶回落，长期而力度没有足够强的影响力被短期的经济因素掩盖。

由于上一季度铂金受创最深，这一季度铂金市场对应出现了最剧烈的报复性反弹，最大涨幅超过 300 美元/盎司，如图 5 -7 所示。

10 月 5 日公布的 9 月非农数据的强劲表现，不仅非农就业人数超预期增长至 11. 4 万，且前两个月大幅上修共计 8. 6 万人，失业率更降至

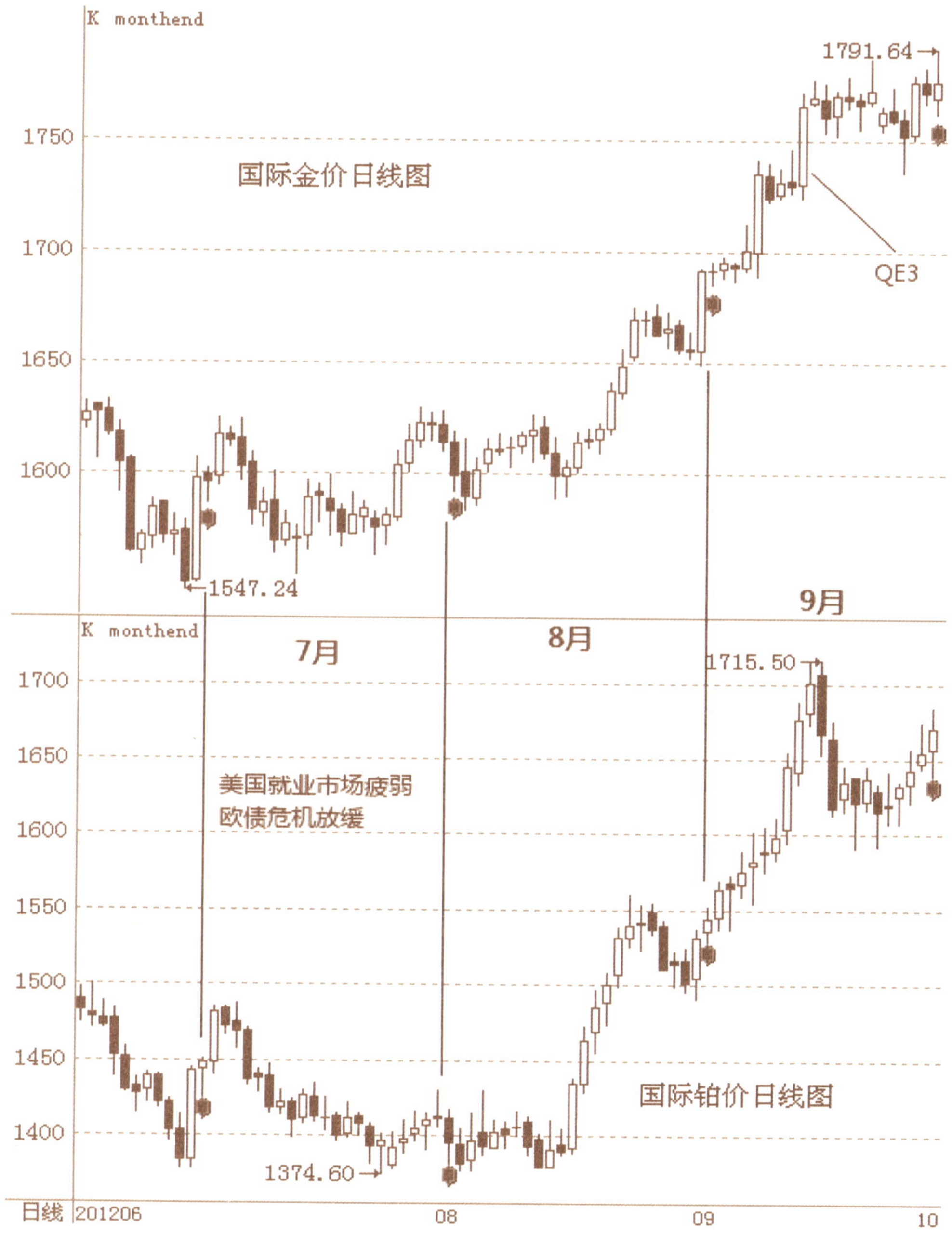

图 5-7 重要基本面如何决定中长线趋势（2012 年第三季度）

7.8%，创四年来新低，而这正是处于 QE3 执行之初，劳动市场的复苏引发了 QE3 之后结束宽松货币政策的预期，更加淹没了 QE3 作为利好的金融因素的作用。金价从年内高点开始了持续的回调，如图 5-8 所示。这个月公布的其他美国的宏观数据整体表现也非常强劲，包括零售销售数据和房地产数据。

图5-8 重要基本面如何决定中长线趋势（2012年第四季度）

10 月 8 日 IMF 发表了最新的全球经济展望报告，措辞显得颇为悲观，下调了多个主要经济体的预期，同时认为欧债危机的彻底解决依然遥遥无期，这对风险情绪的打压起到了推波助澜的作用。而欧债在这个阶段的进展也是处于“黎明前的黑暗”的一段时期，连续的欧盟峰会未果由于市场一度信心涣散，可见作为影响力持久的金融因素，欧债问题对贵金属市场的影响还是阴魂不散。

11 月 2 日公布的 10 月非农就业人数增加 17.1 万人，大幅超过预期的 12.5 万，而前值也大幅上修共计 8.4 万，受到市场预期 QE3 可能提前结束的影响，金银再度重挫，第一波下跌由此告一段落。

11 月 27 日，在欧元区财长会议特别会议上希腊的受援方案终于敲定，随后德国国会率先投票通过该援款，德国的放行是决定性的，希腊基本确定继续留在欧元区，至此希腊带给市场长时间以来的不确定性终于可以告一段落。但是随着希腊问题的初步解决，市场的焦点都集中在美国的财政悬崖。

虽然财政悬崖最终在 2013 年元旦后得到暂时解决，但此前美国两党在财政悬崖的谈判上相互拉锯，进展非常缓慢，受此影响，贵金属价格一直受压持续低位盘旋。

2012 年第四季度不但黄金市场与 2011 年第四季度表现相似，相关的钯金市场也是重演着历史，特别是 11 月后，钯金的强势完全脱离黄金市场的指引。钯金的多次局部独立强势与白银市场在 2010 年前的表现相似，所以完全可以预期，在 10 年代钯金市场必有一场如 2011 年银价般的疯狂牛市行情。

年度重要基本面总结：

地缘政治因素：

1. 伊朗局势升级

经济因素：

1. 西班牙评级遭下调
2. 希腊大选顺利进行
3. 美国就业市场疲弱
4. 欧债危机放缓
5. 美国就业数据强劲
6. 欧债危机悲观气氛重燃
7. 希腊问题初步解决
8. 美国财政悬崖问题萦绕

金融因素：

1. QE3 预期强烈

2014 年，内战提振有限，美元加息打压金价重心下移

1. 一季度美国经济疲软，避险情绪升温，金价反弹 10%

年初金价出现报复性的反弹行情，短短三个月时间从 1200 美元/盎司（对应 T + D 价格 235 元/克）反弹至 1392 美元/盎司（对应 T + D 价格 273 元/克）高位，涨幅达 10%。

推动这波反弹行情的主要有两个因素：

第一，自从 2013 年底美国进入冬季后，遭遇 20 年一遇的寒冬。

美国经济受严寒影响日益严重，经济增速开始放缓。其中 12 月份零售销售只增长 0.2%，2014 年 1 月更出现负增长的现象。另外，2013 年 12 月与 2014 年 1 月的非农数据表现令人担忧，依次只是增长了 7.4 万人、11.3 万人，月均增长不足 10 万人。因为严寒天气阻碍求职者外出找工作，同时也打击了求职欲望，使美国就业市场一度进入瘫痪状态。

在如此严峻的环境里，最终美国第一季度经济萎缩，经济负增长 1%。美指随之走弱，一度跌破 80 关口，为金价反弹提供有利环境。

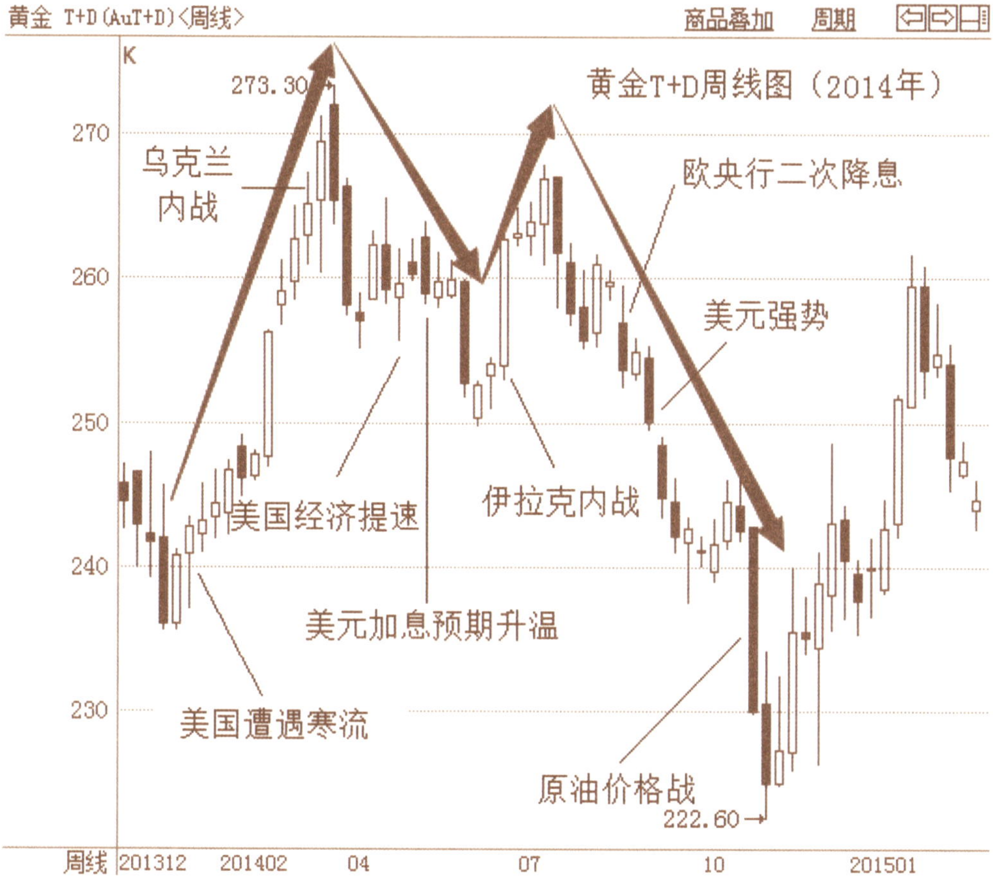

图 5－9　重要基本面如何决定中长线趋势（2014 年总览）

市场开始纷纷担忧第一季如此令人失望的表现，是否会拖累 2014 年美国经济整体表现，甚至美联储或重新考虑货币政策策略，而逐步加大缩减 QE 的步伐也可能会被打断。

但较为意外的是，在整个经济下滑过程中，美联储表现出乐观态度，不断为美国经济打气。当时美联储官员费舍尔表示，美国 1 月和 12 月就业情况受到寒冷天气的严重影响。他指出，美联储不太可能改变削减量化宽松的决定来应对弱于预期的非农就业报告。由于美联储缩减 QE 计划不变，这为美指提供有力支撑，也为接下来下半年的牛市打下基础。虽然美联储的表态一定程度安抚了市场情绪，但由于第一季美国经济表现实在难以令人满意，因此，黄金受到久违的追捧，高歌猛进。

第二，2014 年是地缘政治的多事之秋。在 2 月中旬，发生了近年最严重的地缘政治危机——乌克兰内战。

本次危机的导火线是乌克兰骚动事件突然升温，出现流血冲突，引起国际社会关注，随之爆发地区性的地缘政治危机。由于乌克兰重要的地理位置，因而引起了欧洲与俄罗斯为争夺乌克兰控制权而出现的隔空博弈，两大经济体之间的角力引发市场恐慌，加剧了避险情绪。

接下来事态进一步恶化的导火索是乌克兰地区克里米亚宣布公投选择加入俄罗斯版图，引起了乌克兰与欧洲的不满，指责俄罗斯在背后煽动分裂乌克兰内部。其后欧美国家对俄罗斯痛下毒手，发动接连的经济制裁。而俄罗斯也不甘示弱，发起报复性制裁。双方对峙状态不断升温，把市场的避险情绪推到极点，此时黄金的避险属性发挥得淋漓尽致，在 3 月初便攀升至年内今年最高点 1392 美元/盎司（对应 T+D 价格 273 元/克）。

2. 美国经济回暖，地缘投机曲终人散

从该年金市第一轮上涨的行情可以看到，美国经济受到寒流影响与地缘政治危机这两大基本面引发黄金在第一季度就实现了近 200 美元/盎司（对应 T+D 价格 40 元/克）的涨幅，但这两大因素其实不足以使金市扭转 2013 年的大熊市，200 美元/盎司的涨幅还不足 2013 年跌幅的一半。美国寒冬总有结束的一天，而且这一天很快就会到来。只要天气好转，美国经济就要回归正轨。的确，第二季美国经济已出现明显复苏，3～5 月份的非农数据表现显著回升，月均就业增长人数超过 20 万，这种美国经济复苏的先兆为美元市场带来了极大的鼓舞。

美联储并没有因为第一季经济萎缩而改变削减 QE 规模计划，坚定每月缩减 100 亿美元的原定步伐。可见美联储并不担心寒冷天气会对美国经济造成实质冲击，市场对美国经济重拾信心，美指在 79 关口得到了有效支撑。

最终，美国第二季 GDP 增长达 4%，正式宣布美国经济重回正轨，市

场对下半年美国经济前景信心倍增，对美国即将加息的预期再次被点燃。

美国经济的复苏压制了金价进一步走高的动力，而当最有力支撑失去之时，金价便难以抵挡空头再度来袭的压力。

乌克兰危机是该年为金价提供最有力的支撑的因素，其引发的避险需求起到了重要抗跌能力的作用。而作为地缘政治因素，它的持续时间越长，对市场影响力就会变得越弱。事件初期，市场担忧会升级至军事层面，但由于双方势力互相牵制，双方都意识到如果升级至军事层面，对双方利益只会带来更大的不利，会造成难以承受的后果。逐渐地，市场也意识到双方进一步恶化的可能性越来越小。

此后，乌克兰局势得到缓解，双方保持克制，多次尝试通过外交途径化解危机。市场情绪彻底得到改善，避险需求随之降温，黄金的避险光环再次消失，前期涨幅快速回吐，并从年初高位 1392 美元/盎司（对应 T + D 价格 273 元/克）回落至 1240 美元/盎司（对应 T + D 价格 250 元/克）。

3. 美国加息预期降温，伊拉克内战爆发石油危机

上半年金价经历了一次过山车行情，半年时间基本又回到原点。这有点出乎市场预期，金价并未承接 2013 年下跌趋势，再创新低，反而重心略有抬高，这为迎接下半年行情开锣的市场心理多少给出了一点提振。

美国第二季经济出现反弹，市场再度憧憬美国加息。但在 6 月份货币政策会议上公布的季度经济增长预测报告中，意外地把该年经济增长从 3% 下调至 2.3%。由于第一季受寒冷天气影响，严重影响消费者外出消费意欲，拖累第一季经济严重萎缩。所以，预期该年 QE 政策退出前，美联储将会维持当前政策不变，维持宽松的超低利率政策。市场对美国加息预期愿望落空，金价止跌回升，再次恢复上行轨道。

困扰了市场近 4 个月的乌克兰危机消退不久，伊拉克便爆发了新一轮的内战。什叶派与逊尼派之间的冲突不断升级，逊尼派武装分子占领了西部多个石油重镇，并取得了叙利亚边境地区的控制权，这引发了中东地区

地缘政治危机。由于伊拉克是目前全球石油出口大国，国内的政治动荡直接会影响石油的供应链，国际原油价格飙升至一年半以来的高位 117 美元/桶，如图 5－10 所示。进而引发市场避险需求，推动黄金大幅上升，黄金再度得益于地缘政治因素的避险情绪推动。

图 5－10　重要基本面如何决定中长线趋势（2014 年年中）

虽然第三季度初金价一度出现反弹行情，回升至 1345 美元/盎司（对应 T＋D 价格 268 元/克）水平，但美国加息预期降温及伊拉克内战的推动，都只能是短期因素，难以成为金价中期上涨的基石。

首先，虽然受美国第一季经济萎缩影响，该年美国经济预期会有所下调。但只要其后美国经济维持稳定增长，市场憧憬加息周期到来的现象还是会如期而至。加息是不争的事实，区别只在于早晚。所以，美联储的一次会议难以改变市场对美国加息的预期，加息预期降温的影响注定不能长久。

其次，本次伊拉克危机跟10年前的伊拉克战争有天壤之别，美方明确表示不会再派兵到伊拉克地区，只会以空袭形式协助伊拉克政府军歼灭恐怖分子，事件难以升级。所以金价依靠伊拉克危机的持续上涨，基本上不会超出6月份的行情。

4. 金价创两年熊市新低，开启新熊市

进入第四季度后，金价一泻千里。下半年大部分时间金价承接了

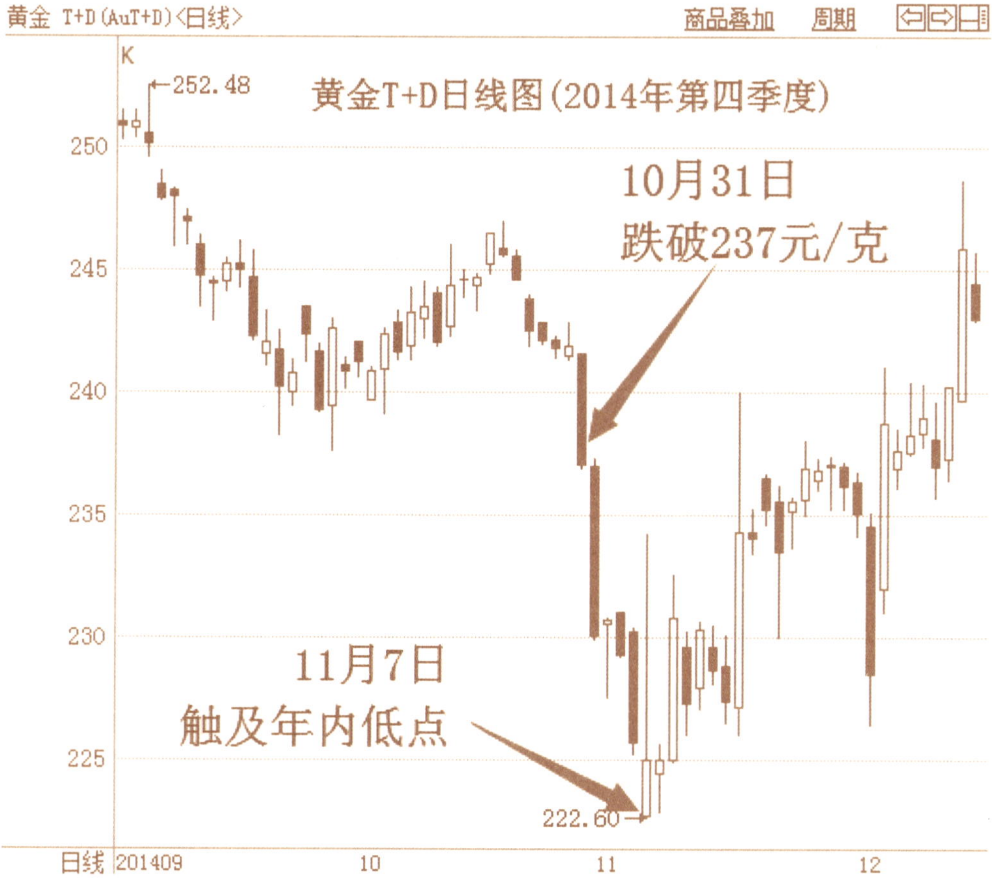

图5-11 重要基本面如何决定中长线趋势（2014年第四季度）

2013 年的弱势，持续震荡下行，在 10 月份最后一个交易日暴跌超过 2%，跌破 2013 年低位 1180 美元/盎司（对应 T + D 价格 237 元/克）。其后市场空头蜂拥杀跌，在 11 月 7 日创近 4 年半新低 1131 美元/盎司（对应 T + D 价格 222.6 元/克）。

下半年金价之所以屡创新低，主要由于众多利空金价的基本面接连出现打压。

首先对金价发起正面冲击的是美指，下半年美指强势回归，实现了市场在年初预期的美指“强势之年”。美指下半年表现力压群“币”，主要归功于美国经济回暖与欧元区经济暗淡。

美国经济在下半年提速，其中就业市场持续改善，失业率从年初的 6.7% 下降至 5.8%，全年失业率降低了近 1%，超出了美联储预期目标 6% 水平，这是令人振奋的表现。同时其他各项经济数据都呈平稳增长。因此，下半年加息预期再度升温，推动美指节节上升，美国市场一片繁荣，市场大量资金流入美国市场，推动美元资产上升，以美元结算的金价受到严重承压。

相反，欧元区经济再显疲态。年初受乌克兰危机影响，欧洲与俄罗斯打起经济战，相互的制裁使经济元气大伤，强如欧元区“领头羊”的德国也一度出现经济萎缩。整个欧元区的经济复苏步伐艰难，这种困境在下半年日趋严重。其中凸现最为严重的是通缩问题，这迫使欧央行连续两次降息救市，从而对欧元造成严重冲击，下半年欧元贬值近 10%。外汇市场上，欧元是美元最大的对手货币，欧元的颓势正为美指提供无限的动力。

除了上述两大因素打压金价之外，国际原油在下半年出现了久违的熊市，下半年国际油价暴跌近 50%。作为正相关的关联市场，油价暴跌在很大程度上拖累了金价。三大利空作用下，金价又回归到 2013 年的熊市轨道。

年度重要基本面总结：

地缘政治因素：

1. 乌克兰内战

2. 伊拉克内战

经济因素：

1. 美国遭遇寒流

2. 美国经济提速

金融因素：

1. 美元加息预期升温

2. 欧央行二次降息

3. 美元强势

4. 原油价格战

2016年，欧美格局主导，金价先扬后抑

1. 美元加息预期落空，金价乘势回暖

1月份全球股市经历一次近年罕见的股灾，中国A股更是在1月4日暴跌6.8%，触动断熔机制，随后次日大幅低开触及3200点，1月份中国A股暴跌22.6%，创2008年10月以来单月最大跌幅。美股1月份跌幅达4.8%，创2014年8月以来单月最大跌幅。各国普遍出现极为罕见的暴跌，这是全球将面临严重金融危机的一次警报。

风险厌恶情绪高涨的市场背景下，黄金无疑是除美元之外最具吸引力的避险资产，市场相当一部分资金流向黄金市场，推动黄金价格持续上涨。

此外，在年内首次的美联储会议上，原本市场对美联储表态为下次加息准备的预期落空，本次的会议结果与预期完全相反。美联储暗示，由于全球经济疲软，未来有极大不确定性，从而有可能将会放缓加息步伐，这

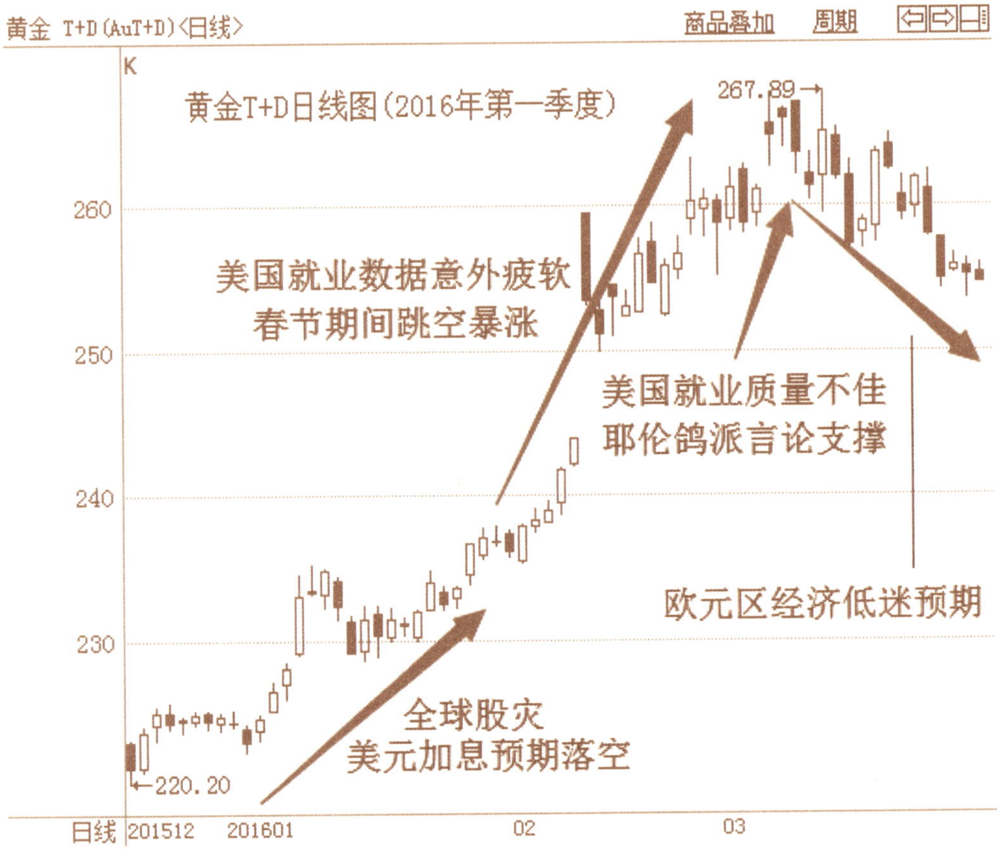

图 5－12　重要基本面如何决定中长线趋势（2016 年第一季度）

狠狠地打击了市场高涨的情绪，推高金价重返 1100 美元上方（对应 T＋D 价格 234 元/克）。

从这次会议可以看到美联储在进入加息周期下，并不是过快地把利率上调至 2% 的水平，也并不是市场如所期在今年有四个加息预期。经过本次会议，市场机构纷纷下调今年美国加息次数的预期，从四次下调至两次。从而金价重返 1100 美元上方，除了受今年美国加息预期降温影响，全球市场不稳也是推动 1 月份金价上升的主因。

2 月上旬，美元出现崩盘式下跌。主因是美国经济数据表现不佳：美国 1 月非农数据表现不及预期，就业增加人数只有 15.1 万人，远低于预期的 19 万人，虽然失业率进一步下降至 4.9%，但难以掩盖其疲软的就业市场。

3月份，市场对于美国加息的预期进一步降温，在月初所公布的3月非农数据当中，非农就业增幅靓丽，但是就业人数增加的质量却不是很好，且薪资增幅和每周工时均下降。美国劳动力市场状况在改善，但各种分项指标好坏不一，这很容易让美联储暂停加息步伐。受此影响，美元跌势加剧，一度刷新阶段新低至97关口，对应国际金价创年内新高至近1280美元/盎司（1盎司=28.3495克）（对应T+D价格268元/克）。

数据显示，美国2月季后非农就业人口增加24.2万人，预期增加19.5万人，前值修正增加17.2万人，初值增加15.1万人，美国2月失业率持稳于4.9%，符合预期，前值为4.9%。2月平均每小时工资年率增长2.2%，预期增长2.5%，前值增长2.5%；2月平均每小时工资月率下降0.1%，预期增长0.2%，前值增长0.5%。

此外，月底美联储主席耶伦的言论给美元“雪上加霜”，进一步打消市场对于近期加息的预期。她在纽约经济俱乐部发表讲话时表示，受中国经济增速放缓和油价暴跌影响，全球经济和金融市场的不确定性增加，这使美国经济面临的风险增加，因此美联储应更缓慢、谨慎地进行加息。

欧洲方面，欧洲央行内部就下调存款利率或改变两级利率结构还未达成共识。官员对部分宽松政策的可行性提出质疑，同时担忧可能无法达到市场预期。这表明短期欧央行难以实行进一步加大宽松力度的政策，这令市场产生担忧，因为在目前欧央行实施的宽松政策下，经济并未有明显改善迹象，所以欧央行必须采取进一步刺激经济的措施，但如果短期欧央行手上没有新的刺激方案，表明未来一段时间欧元区经济将会保持低迷状态。

第一季度重要基本面总结：

经济因素：

1. 美国就业数据意外疲软

2. 美国就业状况质量不佳

3. 欧元区经济低迷预期

金融因素：

1. 全球股灾

2. 美元加息预期落空

3. 耶伦鸽派言论

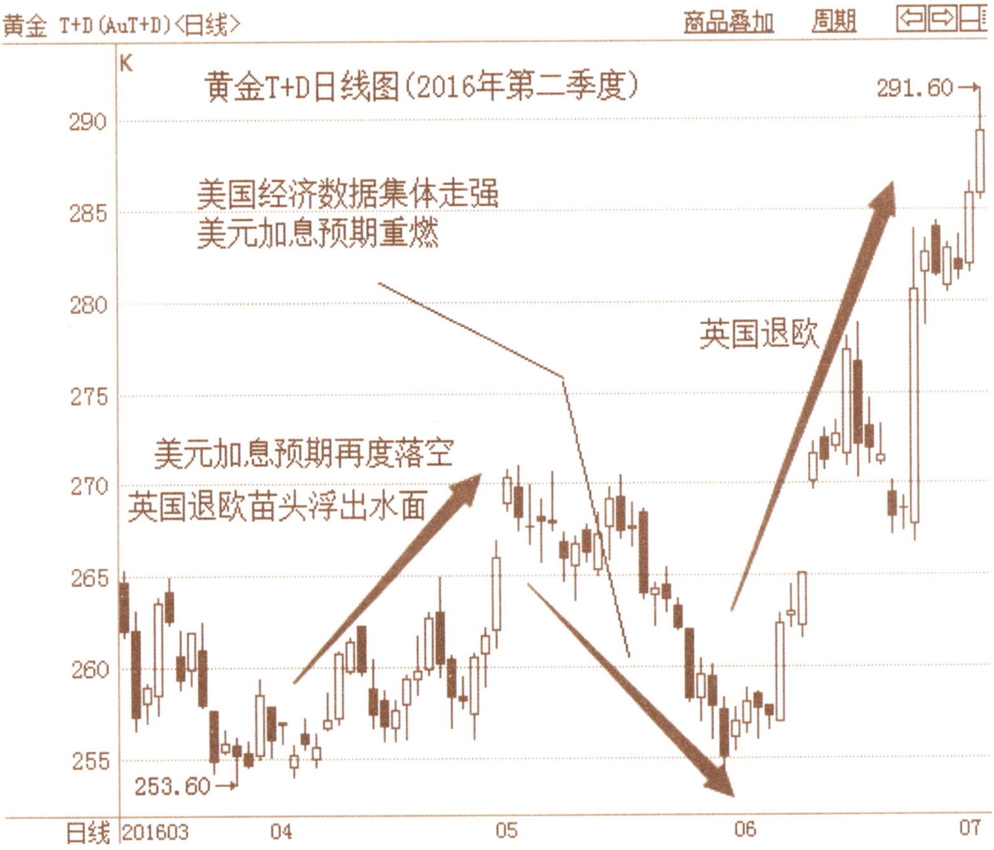

图5－13　重要基本面如何决定中长线趋势（2016年第二季度）

2. 美元加息预期影响退守二线，英国脱欧引爆金市

4月份全球经济延续动荡格局。一方面，联邦基金利率目标区间维持在0.25%～0.50%目标区间不变，美元加息再度落空。另一方面，英国

脱欧似乎渐渐浮出水面，潜在危机越来越大，市场有预期在接下来6月份的公投当中英国会宣布脱欧。中国、日本等国屡屡提出英国脱离欧盟的危险；国际货币基金组织（IMF）主席拉加德最近也指出，英国6月份关于欧盟身份的公投是全球经济面临的风险之一。

这使金价获得明显支撑，价格继续上升，接近1300美元/盎司（对应T+D价格270元/克）关口（这是时隔一年，金价重返1300美元/盎司大关），令市场进一步强化今年黄金有可能进入牛市的预期。

5月份，美国公布的零售销售、生产者物价指数（PPI）、密歇根大学消费者信心指数等数据意外表现强劲。其中4月份零售销售环比增长1.3%，创1年来最大增长幅度，暗示消费者或将扶助美国经济增长自年内稍早的放缓趋势中反弹。

从利率期货走势可以反映出，美联储在6月加息的可能性相比月前从30%上涨至34%，7月加息的可能性更是上升至60%，较4月时的预期翻了一倍。

6月的市场焦点集中在英国脱欧事件。原本市场普遍认为此事件最终能有惊无险地度过，因为市场根本无法相信英国会真的脱欧。但最终结果是残酷的，英国选择了一条不归路。英国脱欧影响深远，不但对英国内部构成冲击，也对整个欧洲带来强烈影响。作为全球第二大金融市场，英国经济危机对全球金融体系都会带来极大的冲击。强大的市场心理落差，促使金价或得强劲的跳跃式上涨动能，一举突破1350美元/盎司（对应T+D价格284元/克）大关。

第二季度重要基本面总结：

经济因素：

1. 英国脱欧苗头浮出水面
2. 美国经济数据集体走强
3. 英国脱欧

金融因素：

1. 美元加息预期再度落空

2. 美元加息预期重燃

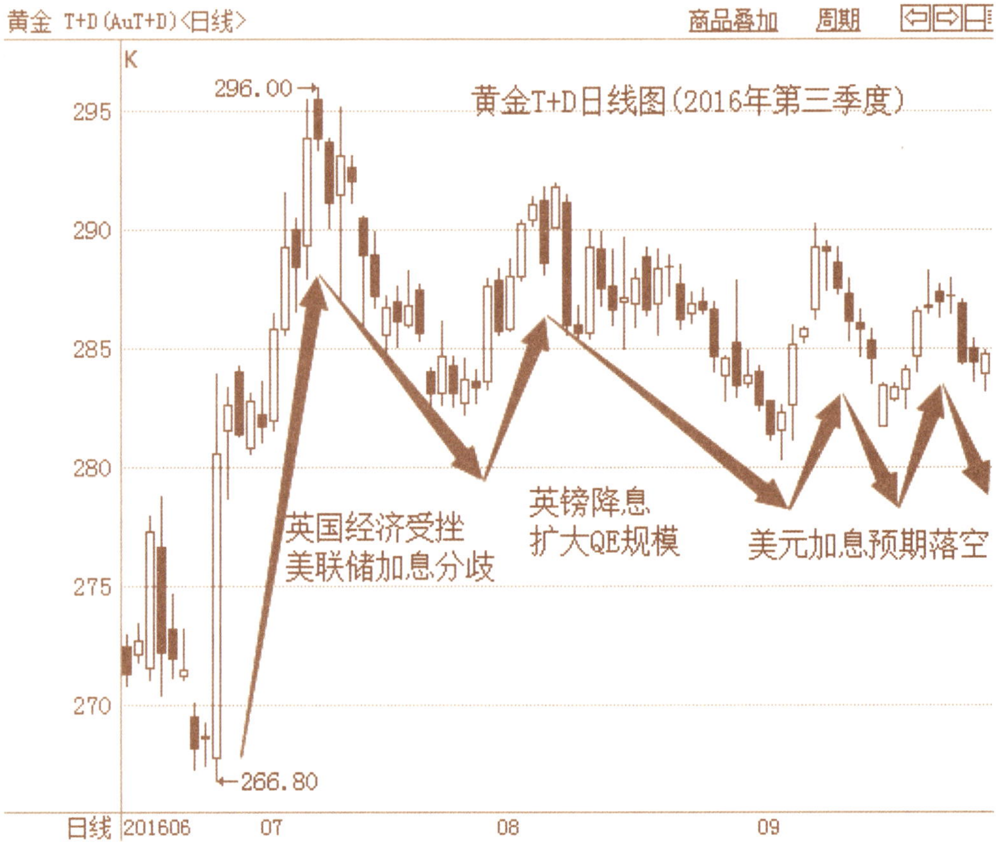

图 5-14 重要基本面如何决定中长线趋势（2016 年第三季度）

3. 美元加息预期再度落空，英国脱欧影响减弱，金市日趋平静

7 月英镑延续跌势。随着抛售的重启，英镑继续下挫，最低触及 1.2792，创近 31 年新低。欧元区经济也如期受到明显影响，服务业增速创近 18 个月最低。

美联储 6 月 FOMC 会议纪要显示，官员们指出美国劳动力市场的不确定性在增加，金融的低稳定性威胁经济前景展望。美联储认为，在加息之前，应密切关注英国公投脱欧后的宏观走向，谨慎地等待更多数据和英国脱欧情况。美联储官员们在如何加息、经济展望、通胀等方面存在很大的分歧，这种分析在金价走势上体现得淋漓尽致。

8 月议息会议上，英国央行宣布近七年来首次降息，基准利率由 0.5% 下调 25 个基点至 0.25%，符合市场预期。同时，英国央行还扩大资产购买规模 600 亿英镑至 4350 亿英镑，超出市场预期的维持 3750 亿英镑规模。利率决议公布后，英镑一度急跌逾 150 个点，英国股市涨幅迅速扩大逾 1%，英国 10 年期国债收益率创历史新低。黄金当晚一度上涨 15 美元/盎司，英国脱欧题材的避险作用明显减弱。

然而，这点微弱的期望，还是落空了。

第三季度重要基本面总结：

经济因素：

1. 英国经济受挫

金融因素：

1. 美联储加息分歧
2. 英镑降息，扩大 QE 规模
3. 美元加息预期落空
4. 两座大山：特朗普当选与美元加息

纽约联储主席杜德利周三表示，如果经济保持当前轨道，预计今年会加息。旧金山联储主席 Williams 重申应渐进加息，太晚加息或致通胀失控，今年加息一次、明年加息数次是合理的。

美联储（FED）周二（10 月 18 日）公布的贴现率会议纪要显示，在 9 月会议上支持上调贴现率的地区联储银行增至 9 家，这是联储接近收紧政策的最新迹象。相比之下，7 月和 8 月会议上 8 家地区联储银行支持上

图 5-15 重要基本面如何决定中长线趋势（2016 年第四季度）

调贴现率，比 6 月时的 6 家大幅增加。美联储共有 12 家地区联储。

美联储在 2015 年 12 月进行了近十年来的首次升息。而在 2015 年 10 月的政策会议召开前，支持上调贴现率的地区联储数量升至 9 家。该年美联储还有两次议息会议，将分别在 11 月 1 ~ 2 日和 12 月 13 ~ 14 日召开。考虑到 11 月的议息会议在美国大选前一周举行，市场基本上排除 11 月升息的可能性。金价迎来年内最后一波冲高。

11 月 9 日，黑天鹅事件——特朗普当选使市场态度产生 180 度大逆转，美元指数还突破了为期两年的盘整区间，并刷新了 13 年半的新高。国际金价在当日走出巨幅的过山车行情。随后金价一泻千里，不但在一周内回吐 10 月份正月的单边涨幅，并轻松击破 10 月低点 1240 美元/盎司

（对应 T+D 价格 271 元/克）。整个第一轮主跌幅完成后，市场无数投资者还无法理解为何特朗普当选为何对金价是利空影响，还无法接受真正的主战派其实是希拉里的事实。特朗普当选引发的是地缘政治冲突可能性的下降以及加息预期的双重利空。

北京时间 12 月 15 日凌晨，美联储年度加息大幕终于揭开。美联储宣布加息 25 个基点，将联邦基准利率提高至 0.5% ~0.75%，并暗示 2017 年加息步伐将更快，预计 2017 年加息三次。经济增长预期方面，美联储全面上调了未来 3 年国民生产数据和就业数据的预期。利率决议公布之后，美元指数扭转跌势上扬，现货黄金应声加速下跌。

第四季度重要基本面总结：

地缘政治因素：

1. 特朗普当选

经济因素：

1. 美联储全面上调未来 3 年经济预期

金融因素：

1. 11 月美元加息预期被排除
2. 特朗普当选
3. 美元加息

第六章　判断短线趋势看日常基本面

为什么经济事件或者重要经济数据公布后行情走出异常走势，媒体都总能找到“特殊理由”呢？

然而，这种“特殊理由”在经济事件或重要经济数据出炉前往往不会见到有分析能预测出来？

市场要生存，就不可能让大多数人赚钱。所以，越多人研究的领域，市场噪声越大。而大多数人忽略的地方，往往更有规可循。

宏观行情和微观行情都有自己的趋势，宏观行情的趋势是宏观趋势，由重要的宏观基本面主导。相对而言，日内行情就是微观行情，微观行情由重要的微观基本面主导。每天公布的各种经济数据就是最常见的微观基本面，而其中影响力最大的是美国的经济数据，所以着重介绍美国经济数据对贵金属市场以至TD市场的真正影响机理。

第一节　基本面分析第一大技巧——简单的顺势而为

很多基本面对贵金属市场的影响并不是一成不变的，特别是经济因素。入门的投资者都知道，因为以黄金为首的贵金属市场具有对全球经济的避险属性，所以美国经济情况走强的时候，对贵金属市场是利空，反之是利好。然而，有过一年，甚至只有半年以上实际交易经验的投资者都会有这样的体会：美国经济数据走强的时候，金价、银价不一定就会下跌；美国经济数据走弱的时候，在一些阶段，金价银价反而会随之下跌。

如图6－1和图6－2所示，分别是2012年5月11日和7月13日公布美国密歇根大学消费者信心指数初值前后的国际现货黄金15分钟走势图。5月密歇根大学消费者信心指数前值是76.4，预期值是76.4，公布值是77.8，是明显的走强。7月密歇根大学消费者信心指数前值是73.2，预期值是73.5，公布值是72.0，是明显的走弱。然而两者公布后的金价短期走势方向几乎一样。

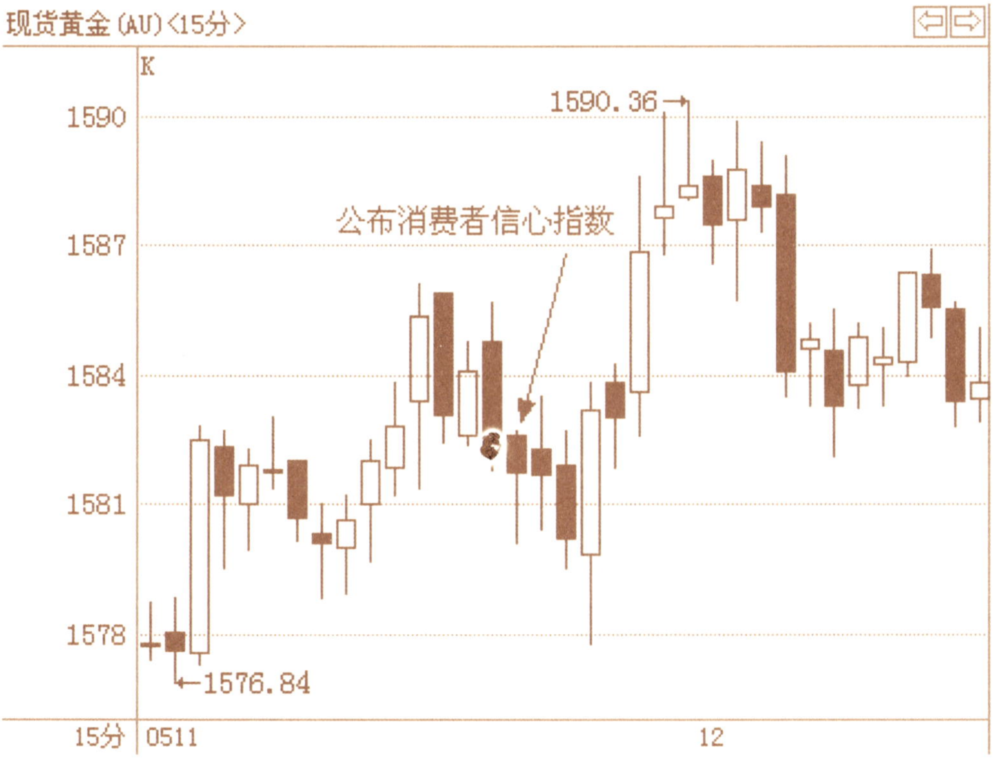

图6－1 美国经济数据的影响方向并非一成不变（1a）

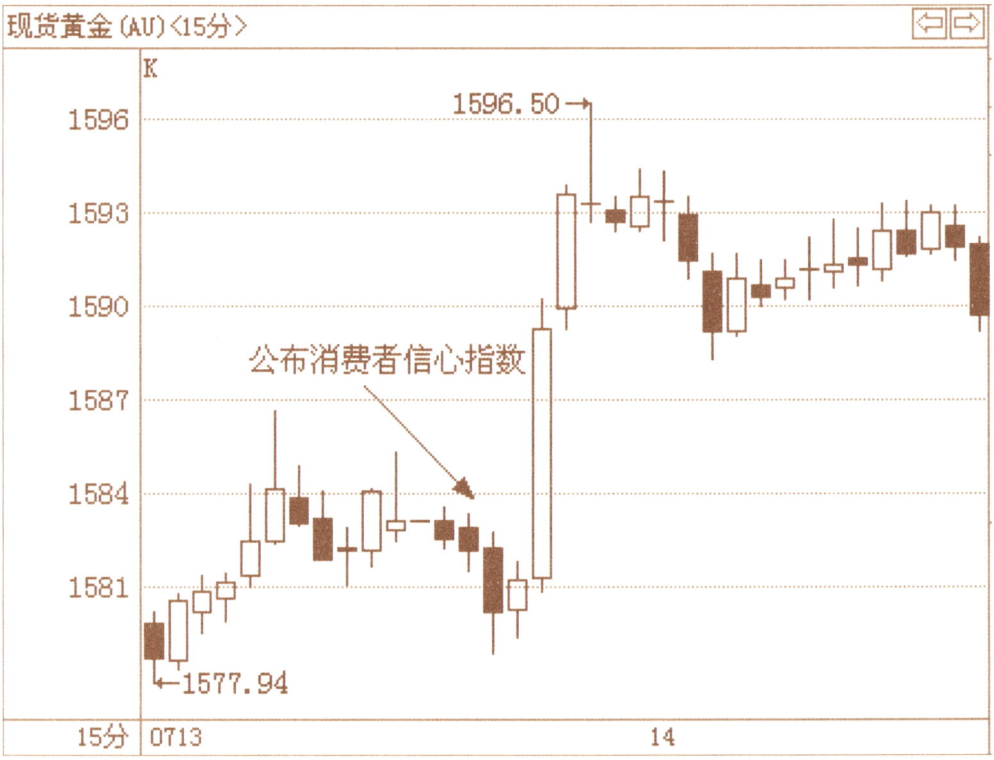

图6-2 美国经济数据的影响方向并非一成不变（1b）

如图6-3和图6-4所示，分别是2016年10月5日和2017年2月1日公布美国ADP就业人数数据前后的国际金价1小时走势图。9月就业人数变化前值是17.7，预期值是16.5，公布值是增加15.4万人，是明显的走弱。1月就业人数变化前值是15.3，预期值是16.7，公布值是24.6，是明显的走强。然而两者公布后的金价短期走势方向也是几乎一样。

不仅美国经济情况，欧债危机题材、欧元区国家脱欧题材也有这种情况。同样是债务国家危机爆发或者欧元区国家脱欧，贵金属市场有时候大跌，有时候大涨；同样是下调关键国家评级，黄金T+D市场有时候会快速下跌，有时候会快速上涨……

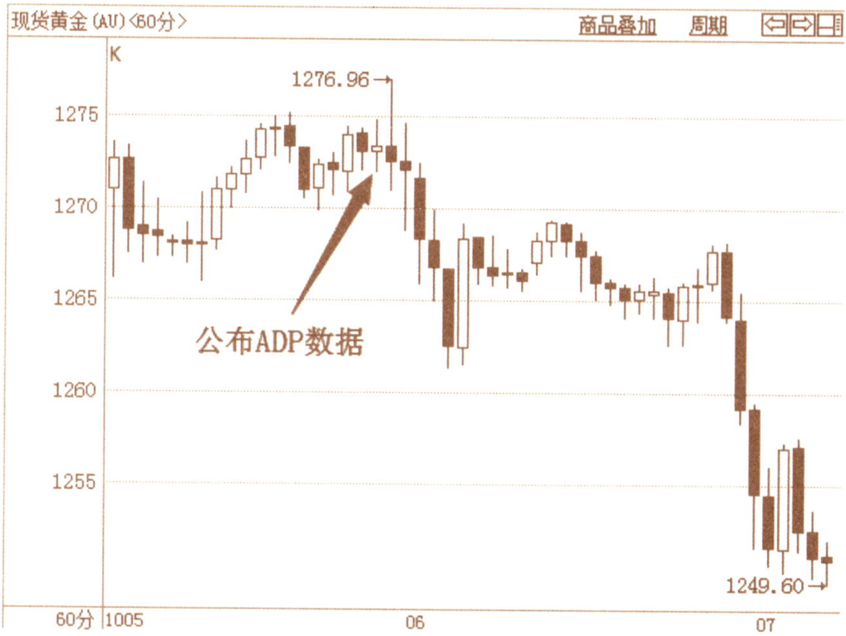

日期 时间	事件	前值	市场预测	结果
10/0520:15	美国9月ADP就业人数变化	17.7万	16.5万	15.4万

图 6－3　美国经济数据的影响方向并非一成不变（2a）

日期 时间	事件	前值	市场预测	结果
02/0121:15	美国1月ADP就业人数变化	15.3万	16.7万	24.6万

图 6－4　美国经济数据的影响方向并非一成不变（2b）

对于事后分析来说，媒体应付这种问题非常简单，因为黄金具有避险和商品双重属性：正常影响方向的时候就以教条逻辑分析，避险资金的大规模定向流进流出决定黄金价格的涨跌；遇到反常行情的时候就拿商品属性做文章，受商品市场带动，受流动性不足限制。

面对每天反复无常的行情，各种网上的分析文章都可以轻松应付。但对于实时交易操作来讲，这种事后诸葛的能力毫无帮助。

正因为黄金有双重属性，经济因素对贵金属市场的影响机理并不单一，并非一成不变。而对于微观走势来讲，复杂程度只会更高。

然而，一些对于分析来讲很复杂的事情，对于交易来讲却很简单。因为交易的目的只有一个——实现正盈利。只需要找到一个大概率的规律就可以实现正盈利，对交易者而言，只需要表象足矣，不需要清楚内在机理。而经济因素对黄金市场的影响正好就存在一个简单却难以被发现的规律：它们对贵金属市场的影响机理并不是时刻在随机变化，而是阶段性的。

如图6－5所示，以美国经济数据走强为例，这是对黄金市场影响性质的示意图，曲线向上表示利好，向下表示利空。

可以看到，同一性质的经济数据对黄金市场的影响在一年里可以有多次转变，但是每一次转变后都会延续一段时间。换个说法是，一年可以分成若干个阶段，同一个阶段里，美国经济因素对黄金市场的影响方向是不变的。

当然，这只是一个比较理想的示意图，实际上有些阶段会少于一个月，甚至会在一些时候仍然是反复无常，也即存在相当于价格走势中的噪声。尽管如此，这比市场行情的波浪要规律得多，实际交易中我们就可以根据这个规律，对经济数据进行“顺势而为”的判断。

如果你专注于研究基本面的话，你甚至可以更快更准确地发现这些转折点：经济数据对黄金市场的影响方向不但具有阶段性，而且阶段之间的转换往往是有据可依的，这个“据”就是一些重要的转折性事件。前面第一组例子的转折点是 2012 年年中希腊大选意外顺利进行，欧债危机放缓；第二组例子的转折点是 2016 年 11 月美国总统大选，特朗普爆冷当选。

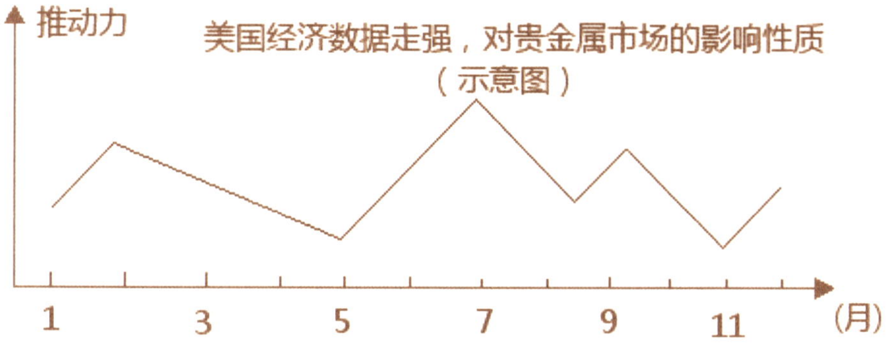

图 6－5　基本面的“顺势而为”

欧债危机题材和欧元区国家脱欧题材的情况相对而言要简单得多，因为它们维持的阶段比较长，一般在 3 个月以上，而且没有反复无常的情况。因此，对于欧债题材和脱欧题材类，用简单的顺势而为就足以指导实际交易，即影响机理开始转变的时候，自己的分析体系也随之马上转变，而不是像一般投资者或者分析师那样坚守教条而把这种转变看成是一种意外的反常行情，直到多次吃亏之后才被动转变。

第二节　从数据曲线的角度洞悉美国经济数据的真正影响机理

在介绍本节知识之前，先跟大家分享一下大名鼎鼎的罗伯特·雷亚所著的《道氏理论》中的一个重要观点——道氏理论的第二大假设：

“每一位对于金融事务有所了解的市场人士会不断将自己的心理因素反映到市场的决策中，他所有的希望、失望与知识，都会反映在相应市场的走势中。”

因此，我们如果能够从主要市场参与者决策的根本角度去分析市场走势，那无疑我们的分析会与实际走势有明显更高的吻合程度。例如，本节即将阐述的美国经济数据的影响机理，美国经济数据在美盘时段公布，所以我们的出发点必须是美国主要市场参与者的角度，而非国人本身的角度。

美国经济数据是出现频率最高的、最受普通投资者关注的，也最常被媒体牵强附会地用作解释行情的日常基本面。这种短线基本面让无数投资者既爱又恨，它虽然提供足够多的交易机会，但它的表现远不如欧债题材这些完整的经济因素稳定，甚至运用顺势而为的基本面分析技巧，也不容易抓住每一个数据的规律。

为此，我们引入一个新的技能——从经济数据的历史走势曲线洞悉经济数据的真正影响机理。

当你从结合经济数据曲线的角度去分析的时候，你会惊讶地发现，由于它是反映经济数据的本质影响，因此它的表现比单看经济数据相对预期变化要稳定得多，甚至比欧债题材、脱欧题材还要稳定，平均每年只有1~2次的影响性质转换。结合顺势而为的基本面分析技巧，可以达到洞悉几乎所有经济数据的真正影响机理的境界。

如果随机抽取国内的黄金T+D投资者，提问上一个交易日公布的某国经济数据相比市场预期是高了还是低了？50%以上的投资者是可以准确回答的。

但如果换一种问法，提问上一个交易日公布的某国经济数据的公布值是多少、创近多少个月新高？这样的话，90%以上的国人投资者根本给不出答案。

反观外国的即时财经消息或财经新闻，他们能够第一时间发现经济数据创多少年（月）新高（新低）、连续多少个月下滑，他们非常关注经济数据在它自己本身的历史走势曲线中的发展，而非公布值与预测值、前值的高低关系。如果用小车司机来比喻，西方投资者群体就是眼光长远，随时能认清方向，避开危险的老司机；国人投资者群体就是只会顶着车头和前方几米路况的新手司机。这是外国成熟投资者和国内新生投资者的区别，同时也是新生投资者成长的一个有效突破口。

首先我们要明确一个原则。美国经济数据是经济因素的一个小的组成部分，所以持续时间和影响力都会小很多，这是经济数据的一个特殊性质。从表面很容易发现这种特质，因为美盘时段的行情启动点、启动方向都与经济数据的公布吻合。但同时也正因为从表面去发现，大部分投资者错误理解为美国经济数据是独立的因素、是影响超短线（5 小时以内）行情的，这是一种误解——从大多数投资者照着这样的机理去做，而最终大多数总体亏损的事实，很容易就能看出来。

正确的理解是：经济数据是影响短线（5 个交易日以内）行情的，影响的机理需要联合市场环境、同一时段公布的其他重要数据，更重要的是结合自身的历史走势曲线来分析。

经济数据的历史走势曲线与行情的折线图类似。分析方法也是类似，但是不需要用到复杂的技术分析工具，只需用到基础的趋势线、通道、箱体、三角等。这里就不系统地归纳，而是根据时间推移顺序，带领大家从实际行情中细细领会。这样也可以让读者们从实际中体会基本面分析第一大技巧的实战价值。

本节主要选取以 2012 年的行情段作为实例对象。为什么这样选取呢？首先，2012 年是一个非常规年，金价的季节性运行不符合常规的节律，这种年份在微观行情也没那么“安分”，因此可以很好地体现基本面的影响机理。这种年份出现的概率很低，截至 2017 年，21 世纪以来就只出现过 3 次，分别在 2003 年、2008 年和 2012 年。其次，2012 年同时也是很好的震荡行情（非单边非牛皮行情）年份。21 世纪以来，黄金市场带领贵金属市场经历了宏观牛市和熊市，在单边行情的年份里，黄金市场的多头或空头能量太强，会掩盖相当一部分的短线基本面的影响效果；而牛皮市的年份基本上该年内的经济数据历史走势曲线都处于箱体或通道内，极少转折性突破。所以，震荡年是发现短线基本面影响机理的理想样本。

关于经济数据的历史走势曲线，国内外分别都有一个很好的渠道：国外渠道是路透社（2013 年起在国内被封隔，需通过 VPN 访问），国内渠道是东方财富网的数据中心。

2012 年 1 月 27 日 21：30 公布美国第四季度 GDP 年率初值，前值 1.8%，预期值 3.0%，公布值 2.8%，小幅弱于预期；22：55 公布美国 1 月份密歇根大学消费者信心指数终值，前值 74，预期值 74，公布值 75，强于预期。（注：本节 2012 年所有经济数据历史走势图均出自路透社原图。）

图 6-6　数据曲线反映真正影响机理（1a）

当时美国经济数据对以黄金市场的影响机理处于商品属性阶段，即美国经济数据走强，金价受支撑；美国经济数据走弱，金价受打压。

GDP 公布后金价小幅回落，而消费者信心指数公布后大幅度上行，如图 6－6 所示。这是很不“科学”的走势，因为消费者信心指数的分量远比不上 GDP，激起的行情震荡幅度不可能反而更大。当时国内媒体解读无非是“信心指数意外超出预期”“GDP 基本符合预期”之流。

事实上，这并非与预期有关，并非消费者信心指数比 GDP 数据的重要性高，而是消费者信心指数在历史走势中刚刚向上突破下行趋势线！如图 6－7 所示。这预示着信心指数在后市将会持续走强，从而对金价形成强大的利好作用。反观 GDP 数据，虽然也是向上突破下行趋势，但是这是发生在两个季度前，如图 6－8 所示，可谓早成定局。虽然这次公布值继续走强，但并没有改变市场的期望，相对意义就小得多，利空作用也就明显比不上消费者信心的利好作用。

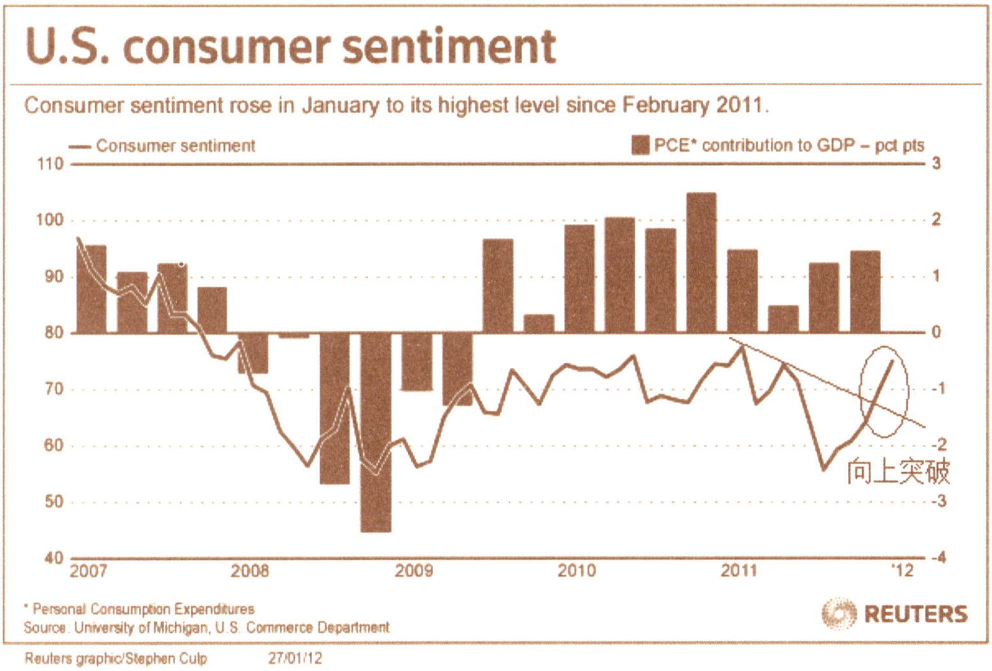

图 6－7 数据曲线反映真正影响机理（1b）

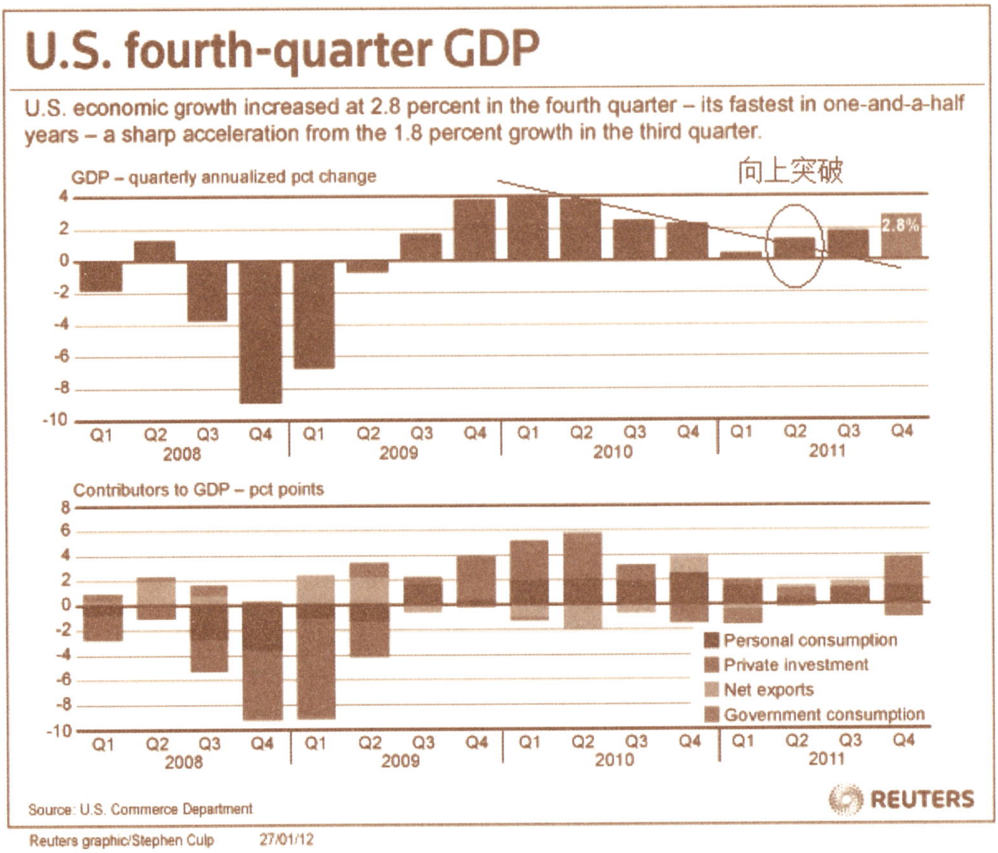

图 6-8　数据曲线反映真正影响机理（1c）

1 月 31 日 23：00 公布美国 1 月谘商会消费者信心指数，前值 64.5，预期值 68.0，公布值 61.1，大幅弱于预期。

数据公布后金价震荡回落，如图 6-9 所示。但金价的回落并非因为预期落空，如图 6-10 所示，数据的小幅回落并不影响历史走势里良好的多头趋势，所以金价的回落在下半夜基本上尽数修补，而金价中观行情的多头趋势也没受影响。

2 月 1 日 21：15 公布美国 1 月 ADP 就业人数变化，前值 32.5 万，预期值 18.5 万，公布值 17.0 万，小幅低于预期。

图6－9　数据曲线反映真正影响机理（2a）

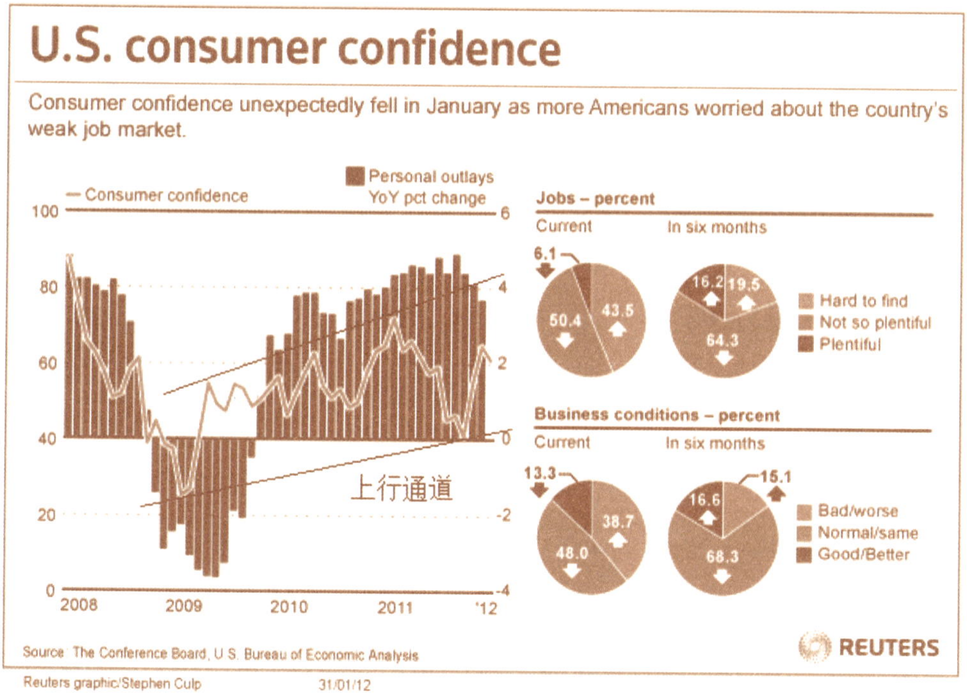

图6－10　数据曲线反映真正影响机理（2b）

图6-11 数据曲线反映真正影响机理（3a）

ADP低于预期，对金价是利空作用，但当时金价显得非常抗跌，如图6-11所示。2月2日大多数分析师是这么分析的：因为ADP数据只是小幅低于预期，所以金价下跌无力。这获得了缺乏独立分析能力的普通投资者的普遍认同，因为的确分析得头头是道。

然而下跌无力并不只是因为数据小幅低于预期。

因为如果这种分析思路成立的话，那么在数据公布前（从上一交易日尾盘到当天亚欧盘时段），由于ADP的预期值大幅低于前值，数据公布前的这段时间里，行情应朝着这种利空预期向下运行。但事实并非如此，行情不但没下跌，反而在当天下午出现了大幅上行的过程。

那么真正的原因是什么呢?

我们可以从ADP的历史走势曲线里找到答案。当时ADP数据走势处于多头阶段，如图6-12所示。既然市场已经预期当月会走弱，那么市场参与者接下来关注的就是这种走弱是否会跌破重要支撑。当时下方有两道前高点支撑，分别是图示的 S1 与 S2，这是当时的两道重要支撑。预期 18.5 万已经明显低于第一道支撑 S1，所以市场主要参与者看重的是第二道支撑 S2。公布值 17.0 万虽然低于预期，但并没有跌破关键支撑 S2，所以与市场预期其实并没有造成明显落差，那么行情下跌自然就显得无力。

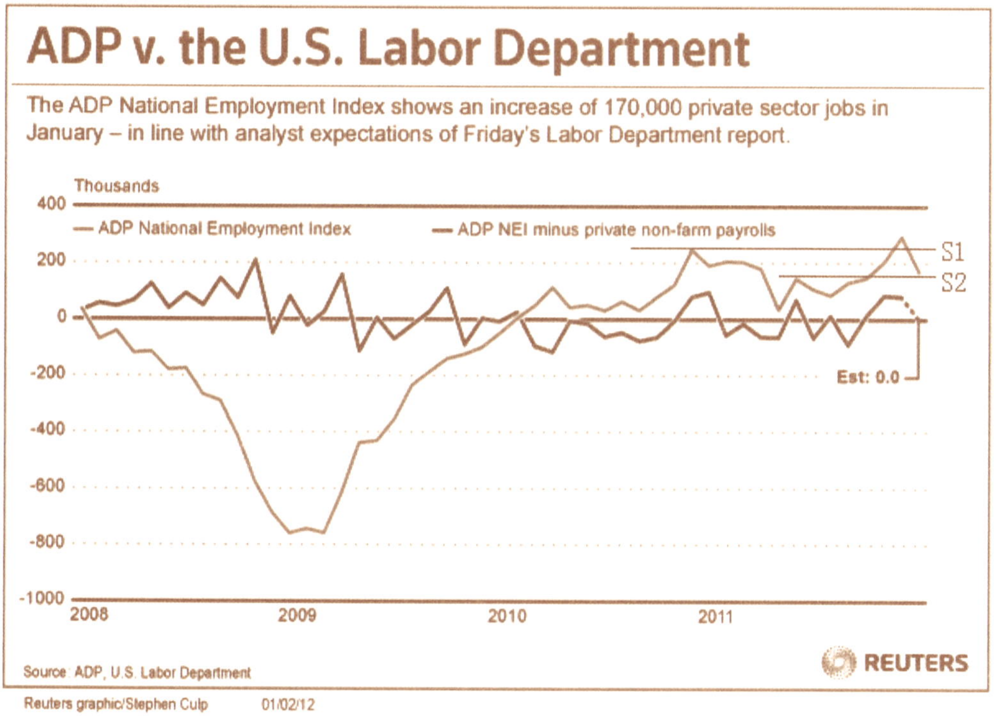

图 6－12　数据曲线反映真正影响机理（3b）

2 月 2 日 21：30 公布美国上周初请失业金人数，前值 37.7 万，预期值 37.5 万，公布值 36.7 万，低于预期。同时公布美国第四季度非农生产率季率初值，前值 2.3%，预期值 1.0%，公布值 0.7%，低于预期。

公布后金价单边上扬，如图 6－13 所示，这与表面上两个数据一正一反的作用相矛盾。非农生产率走弱的利空作用被初请失业金数据的利好作用完全掩盖吗？非也。初请失业金数据的影响力没有强大到这种程度。

真正的情况是：初请失业金人数上升至前低点受压回落，这比光是低

图6－13　数据曲线反映真正影响机理（4a）

于预期的意义要重大得多，这预示数据的后市走势将进入回落周期。而非农生产率虽然低于预期，但并没有对历史走势造成趋势的改变，反而是平均工时的走势受支撑于前高点，这也是美国经济的积极信号，所以真正影响作用其实两者都是一致利好。

3月9日21：30公布美国2月份失业率，前值8.3%，预期8.3%，公布值8.3%，没有变化。同时公布美国2月份非农就业人数变化，前值24.3万，预期值21万，公布值22.7万，小幅高于预期。

非农数据介乎前值与预期值之间，失业率持平，应该对应比较平淡的小幅震荡行情，而不应该是大幅波动行情，如图6－16所示。牵强的市场解读是，非农数据高于预期，对金价是利空；同时低于前值，是利好，所以引发先抑后扬的行情。而公布值无论与预期值还是前值的差别，都只在2万以内，如此之小的落差幅度何以引发大幅度的震荡行情呢？

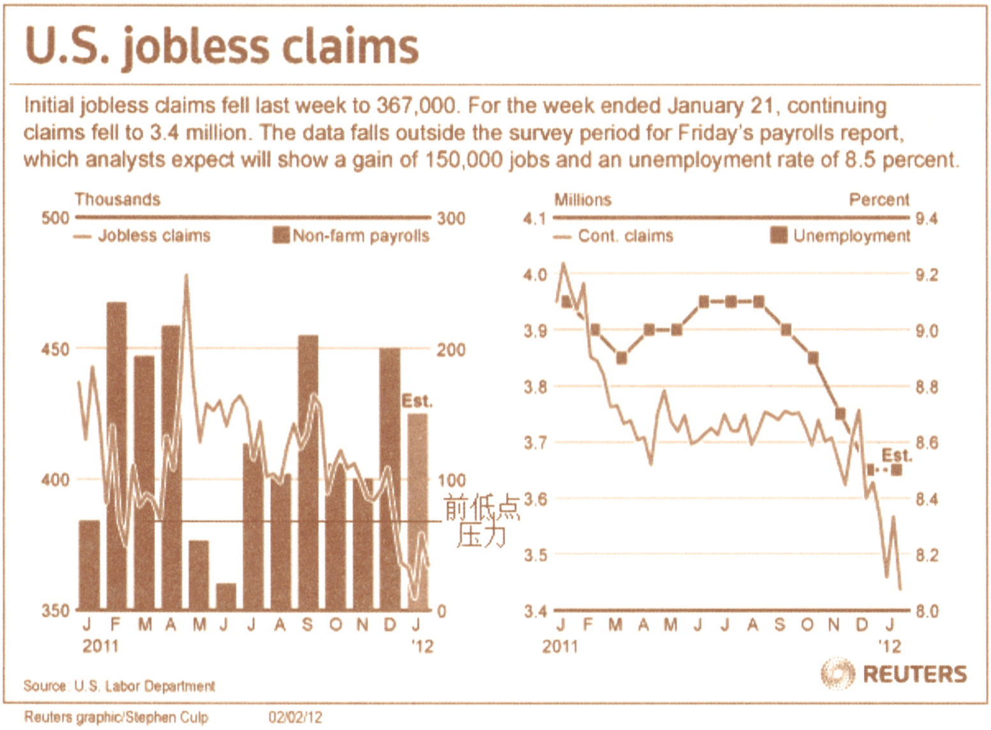

图 6－14 数据曲线反映真正影响机理（4b）

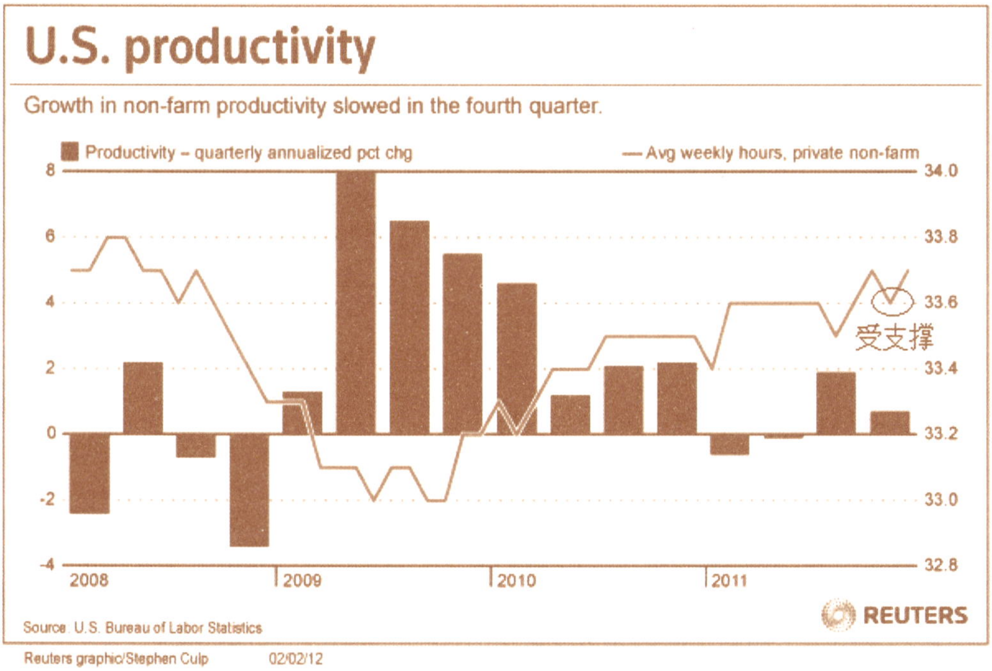

图 6－15 数据曲线反映真正影响机理（4c）

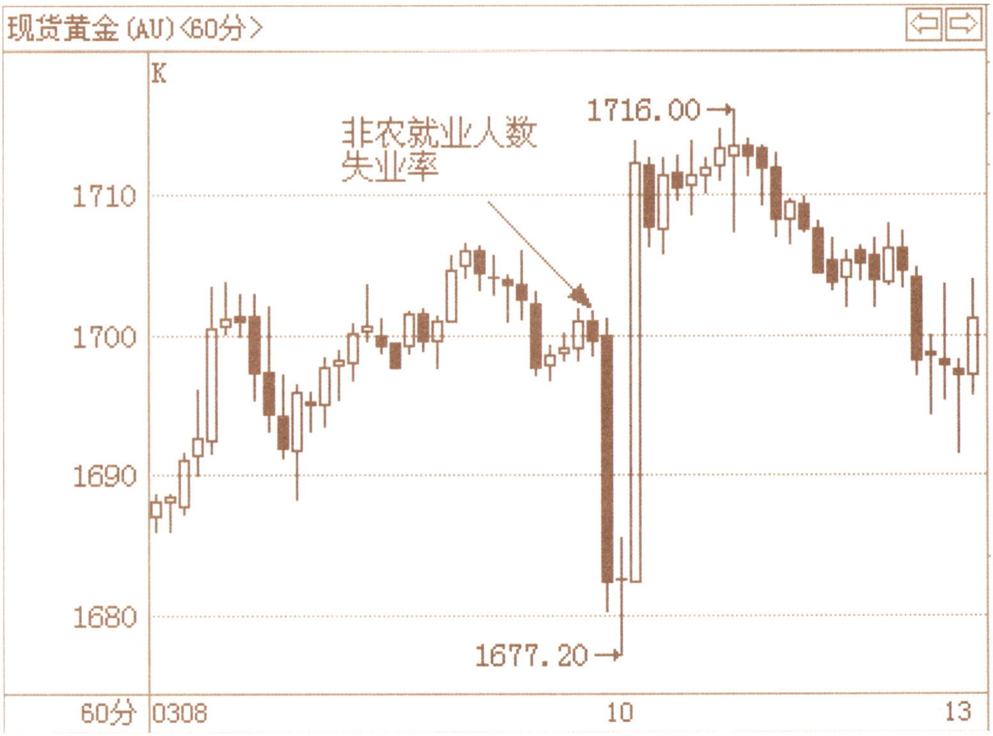

图6－16 数据曲线反映真正影响机理（5a）

因为虽然非农低于前值，但是非农数据的大趋势非常明显，即使低于前值，也是保持在零轴上方强势震荡。或者看劳动参与率曲线会更加明显，酷似MACD的双底雏形，如图6－17所示。所以非农数据完全是利好的性质，而持平的失业率没有引领出新的趋势（如图6－18所示），所以两个数据整体对金价是简单的利好性质。出现过山车行情是因为主力资金借非农数据低于预期的表象进行诱空，或者是因为当周前四天的多头平仓潮所致。在理解数据真正影响的前提下，这种诱空行情提供了可以在快速下跌时抄底获取更大利润的机会。

5月22日22：00公布美国4月份成屋销售数据，前值448万，预期值460万，公布值462万，小幅高于预期。同时公布美国4月份成屋销售月率，前值－2.6%，预期值3.1%，公布值3.4%，明显走强。

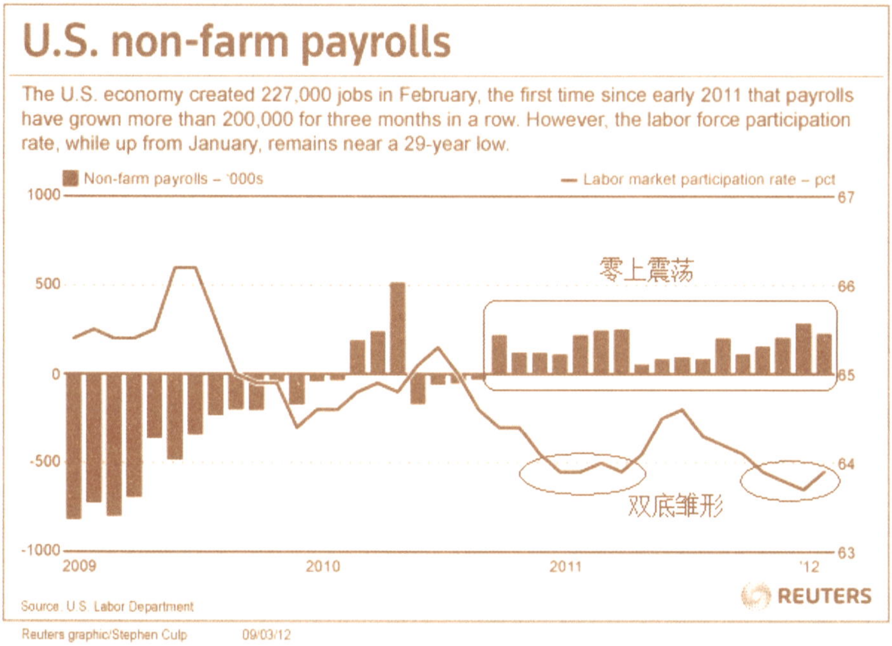

图 6－17　数据曲线反映真正影响机理（5b）

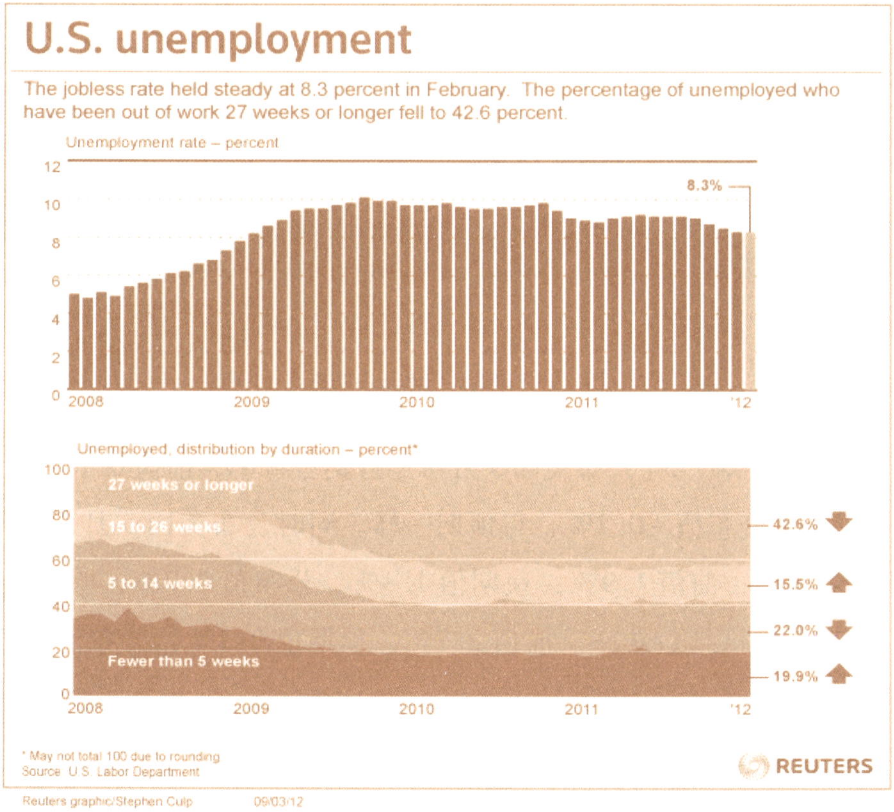

图 6－18　数据曲线反映真正影响机理（5c）

这个是很有代表性的转折点，上半年美国经济数据对贵金属市场的影响性质是商品属性的性质，在这个转折点之后，下半年就转变为避险属性的性质，即数据走强对贵金属市场构成利空，而数据走弱对其构成利好。我们看图 6－19 和图 6－20，公布的两个成屋销售数据集体走强，同时也分别强于预期值。但是金价在短暂的快速上涨后，迎来了因大量避险资金出逃而导致的大幅度下跌。

图 6－19　数据曲线反映真正影响机理（6a）

6 月 13 日 20：30 公布美国 5 月份零售销售月率，前值 0.1%，预期值 －0.2%，公布值 －0.2%，与预期一样。同时公布美国 5 月份生产者物价指数年率，前值 1.9%，预期值 1.3%，公布值 0.7%，明显走弱；核心生产者物价指数年率，前值 2.7%，预期值 2.7%，公布值 2.7%，没有变化。

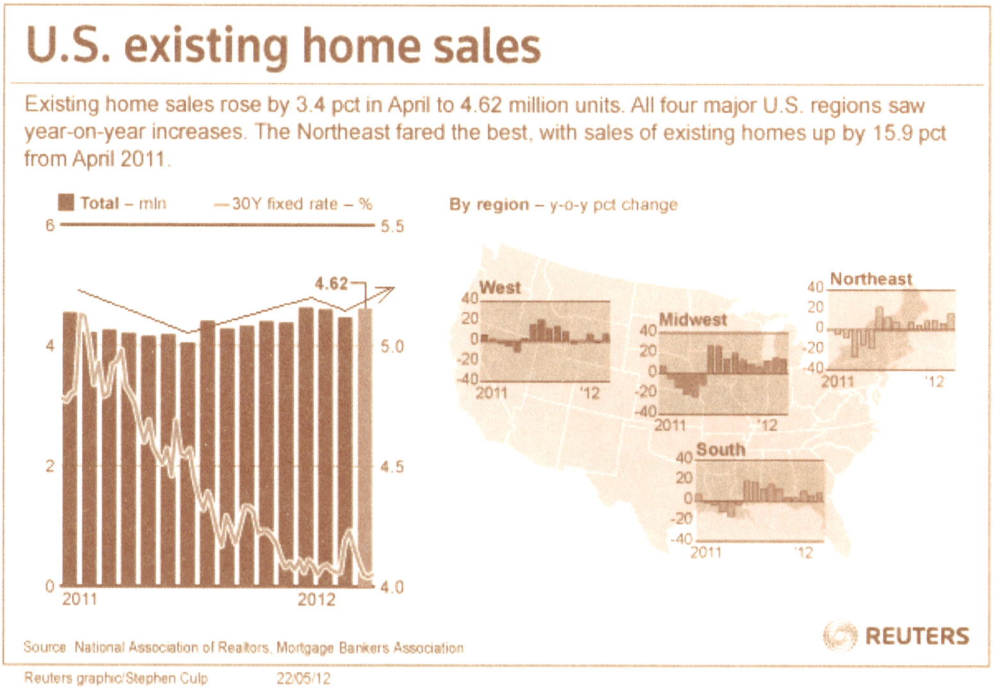

图 6－20 数据曲线反映真正影响机理（6b）

图 6－21 数据曲线反映真正影响机理（7a）

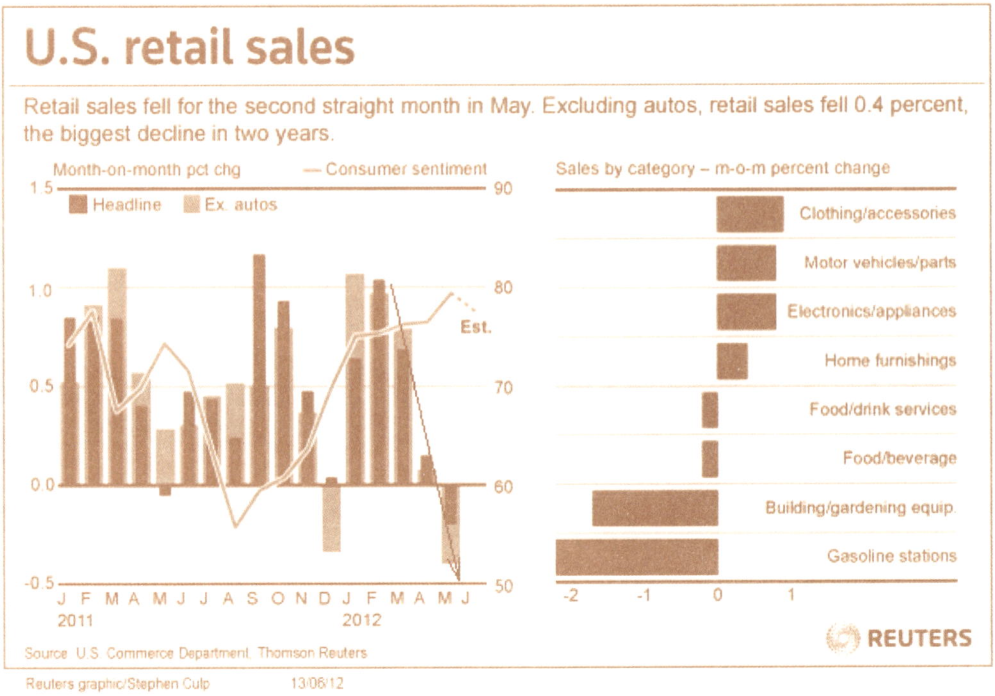

图 6－22　数据曲线反映真正影响机理（7b）

三个经济数据中两个与预期一致，一个走弱。但是从历史走势曲线上看，三个数据都整体延续了走弱的趋势，如图 6－22 和图 6－23 所示。所以，对金价的影响性质是一致的利好，金价快速上行，后市延续震荡上行态势，如图 6－21 所示。

6 月 25 日 22：00 公布美国 5 月新屋销售数据，前值 34.3 万，预期值 34.5 万，公布值 36.9 万，大幅高于预期。6 月 26 日 21：00 公布美国 4 月 S&P/CS20 座大城市房价指数年率，前值－2.6%，预期值－2.5%，公布值－1.9%，明显走强。22：00 公布美国 6 月谘商会消费者信心指数，前值 64.9，预期值 63.0，公布值 62.0，低于预期。

并不是所有的美盘行情都由重要经济数据主导，基本面因素不单只有经济数据，甚至经济因素也不是只有经济数据。当经济数据公布的同时有更重要的基本面因素出现，特别是影响方向相反的时候，经济数据的影响

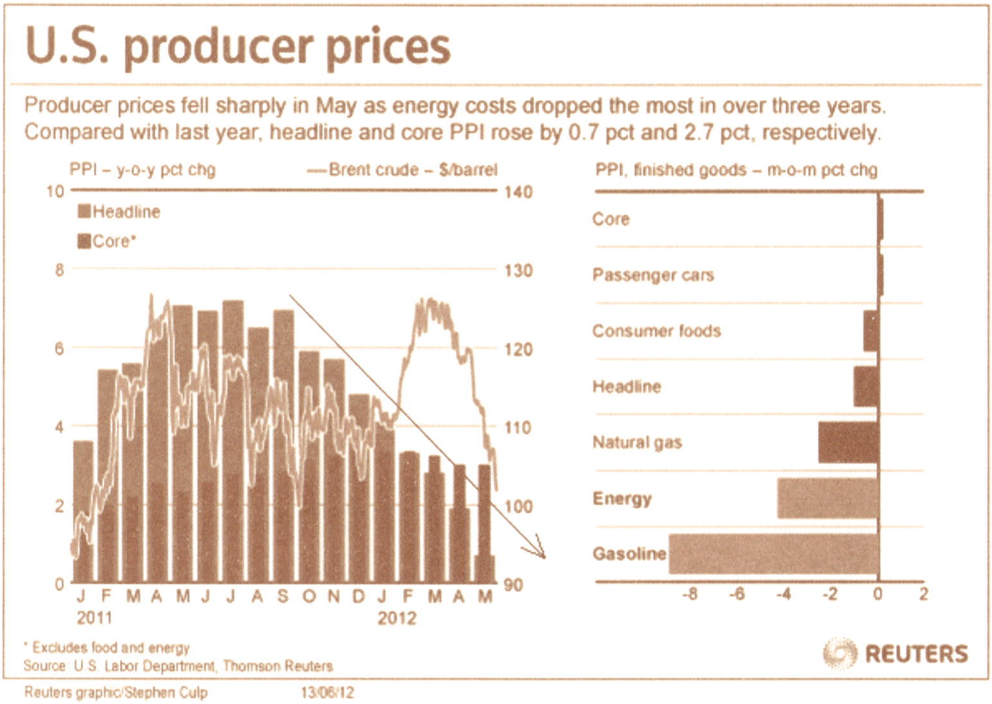

图 6－23　数据曲线反映真正影响机理（7c）

就会被削弱，甚至被掩盖。

6 月 25 日公布的新屋销售数据走强，而且 5 月份房屋供应量下降至 4.7，是 2005 年 10 月以来的最低水平，如图 6－25 所示，这种影响下金价理应下跌。但当晚有更重要的反向基本面——西班牙和意大利国债收益率再次走高，西班牙银行业宣布正式寻求援助，穆迪因此调降 28 家西班牙银行的长期债券和存款评级一到四个距级。所以公布后金价经历了约 1 小时的多空争夺，其后大幅上扬，如图 6－24 所示。

6 月 26 日公布消费者信心指数走弱，不过这种走弱在数据的历史走势中对趋势影响不明显，如图 6－26 所示。相对而言，房价指数在当时美国房地产数据集体回暖的大环境中走强，房价指数更受投资者关注，而且这个数据更是走出了双底的雏形，如图 6－27 所示，因此金价回吐了上一晚的全部涨幅。

图6-24　数据曲线反映真正影响机理（8a）

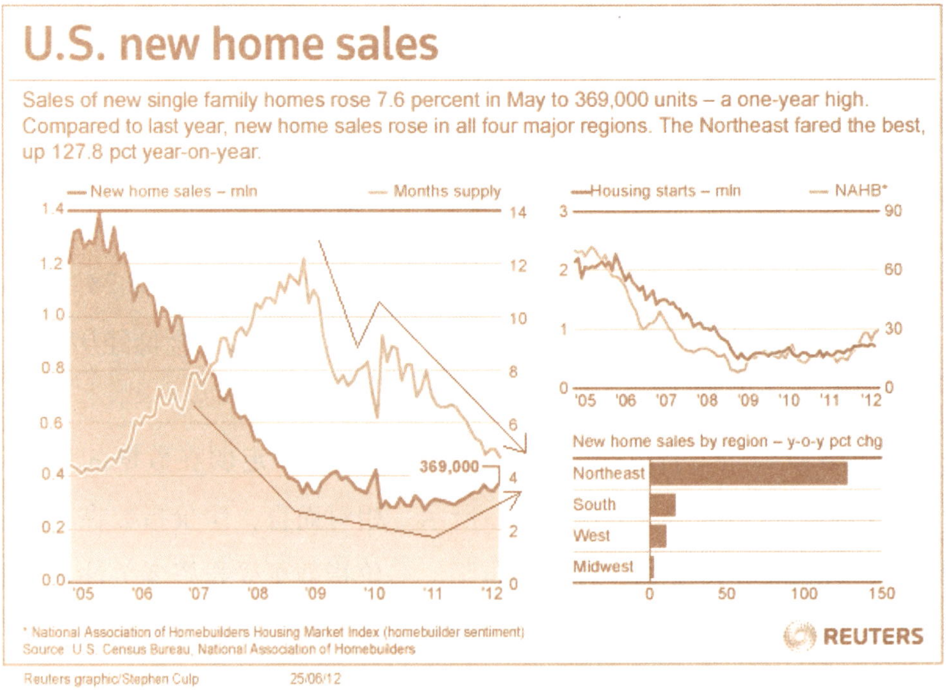

图6-25　数据曲线反映真正影响机理（8b）

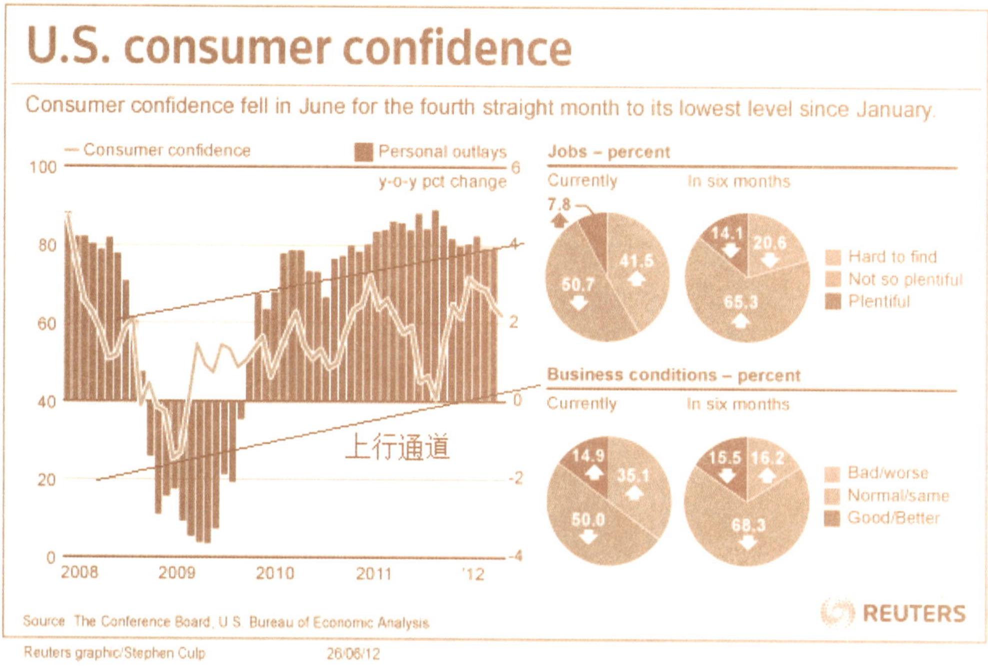

图 6－26　数据曲线反映真正影响机理（8c）

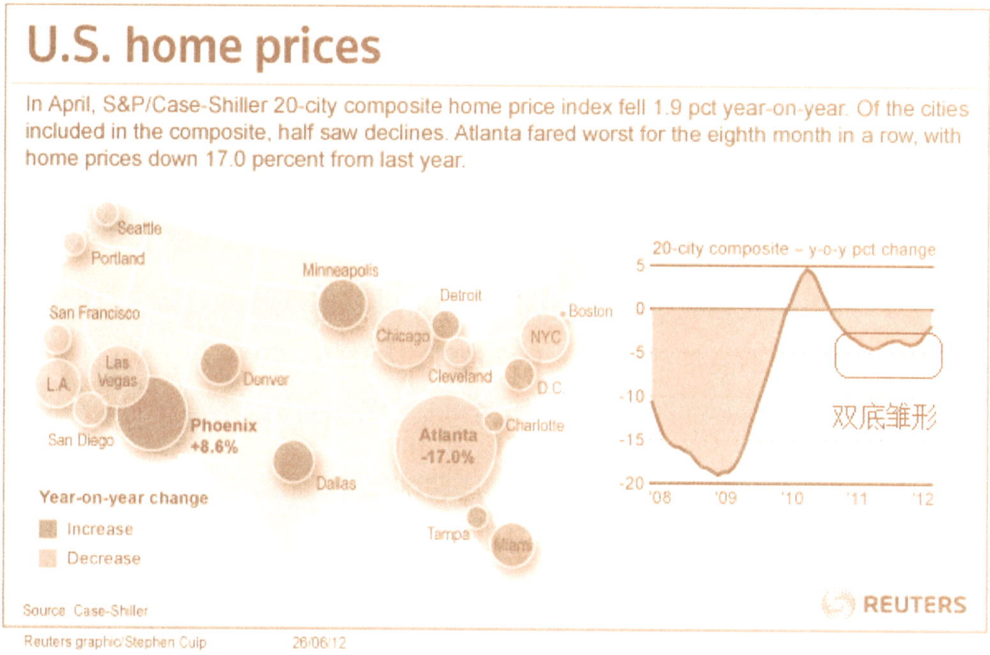

图 6－27　数据曲线反映真正影响机理（8d）

6月27日20：30公布美国5月份耐用品订单月率，前值0.2%，预期值0.5%，公布值1.1%，大幅走强。22：30公布美国上周EIA原油库存变化数据，前值+286.1万桶，公布值-13.3万桶，供应情况变得紧缺。

图6-28　数据曲线反映真正影响机理（9a）

耐用品订单数据大幅上升，这是指同比的月率大幅走强，而并非订单比上月大幅增加。从耐用品订单数量本身的变化曲线来看，这个月的走强并不明显，而且不能带动和增强上行趋势，如图6-29所示，所以即使同比大幅增加，对金价的实际影响却不大。两个小时后比较明显的上涨是源自原油库存减少的利好。

7月5日20：15公布美国6月ADP就业人数变化数据，前值13.3万，预期值10万，公布值17.6万，大幅高于预期。20：30公布美国上周初请失业金人数，前值38.8万，预期值38.5万，公布值37.4万，弱于预期。

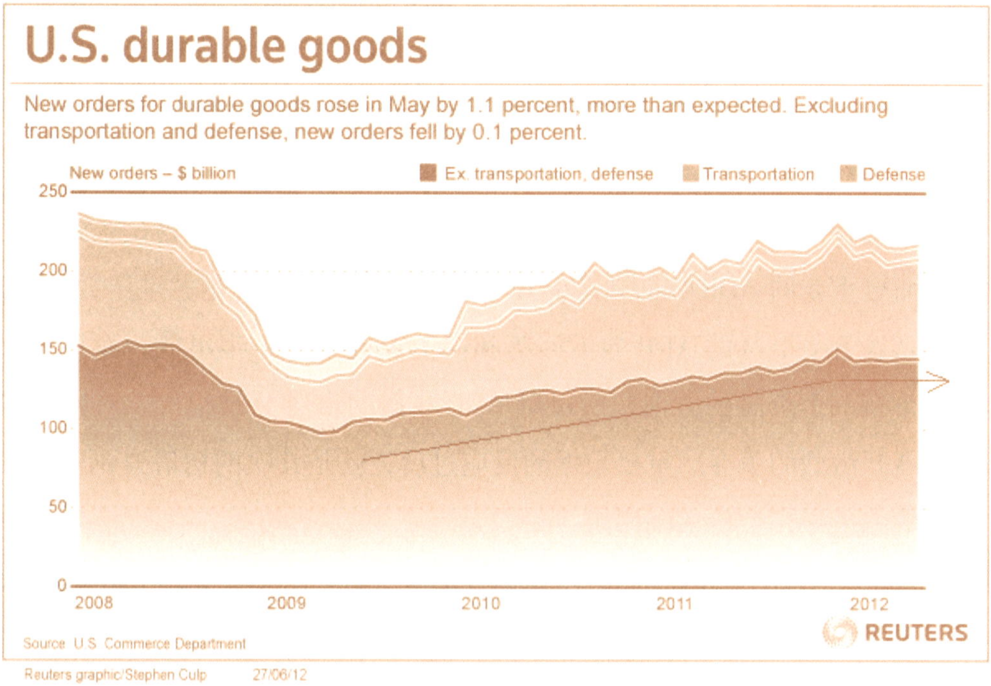

图 6－29　数据曲线反映真正影响机理（9b）

图 6－30　数据曲线反映真正影响机理（10a）

站在一般投资者的角度，从预期值和实际值来看，公布的美国就业数据是一面倒的利空，公布后金价走势应该是直接下跌，而不是大幅震荡后才下跌，如图6－30所示。

而从数据的历史走势曲线来看，初请失业金的走弱下破了上行趋势线，如图6－31所示，预示后市数据将进入持续回落阶段，这是很强的利空。而更重要的ADP数据则是上升至前低点附近，也就是关键压力位置，这预示着下一个月的ADP向下回落和向上突破都有一半可能，而且将决定后市新一个阶段的方向，所以对ADP数据的市场分歧很大，对此多空双方展开激烈的争夺。重要数据的反应过后，就是其次的初请失业金数据的影响占主导，金价大幅回落。

7月13日20：30公布美国6月生产者物价指数年率，前值0.7%，

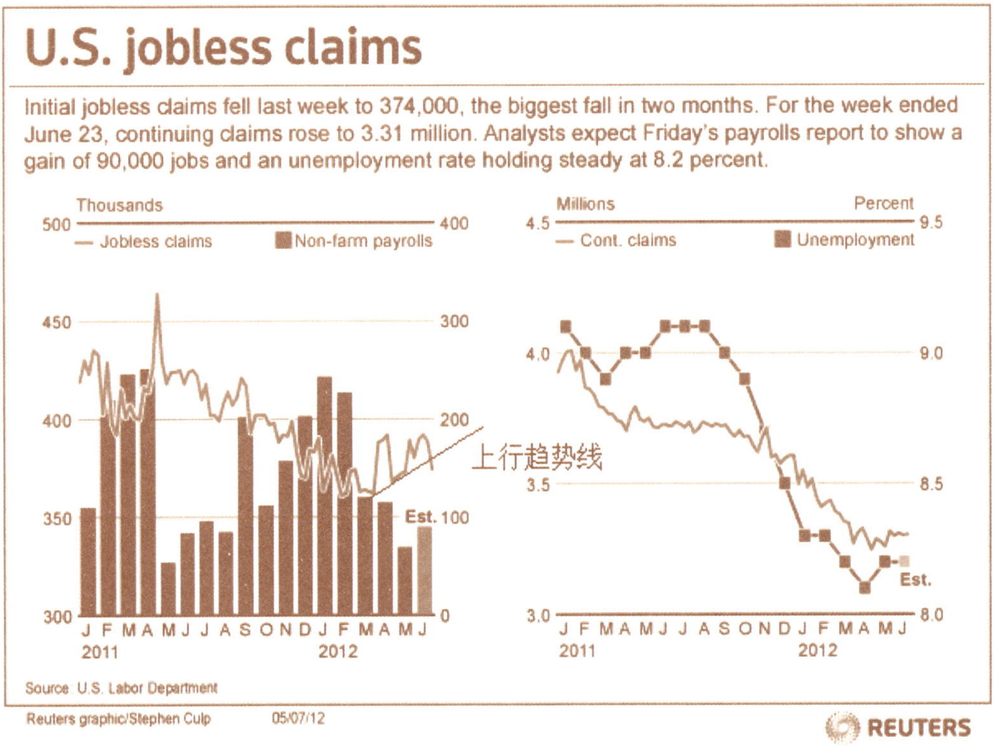

图6－31　数据曲线反映真正影响机理（10b）

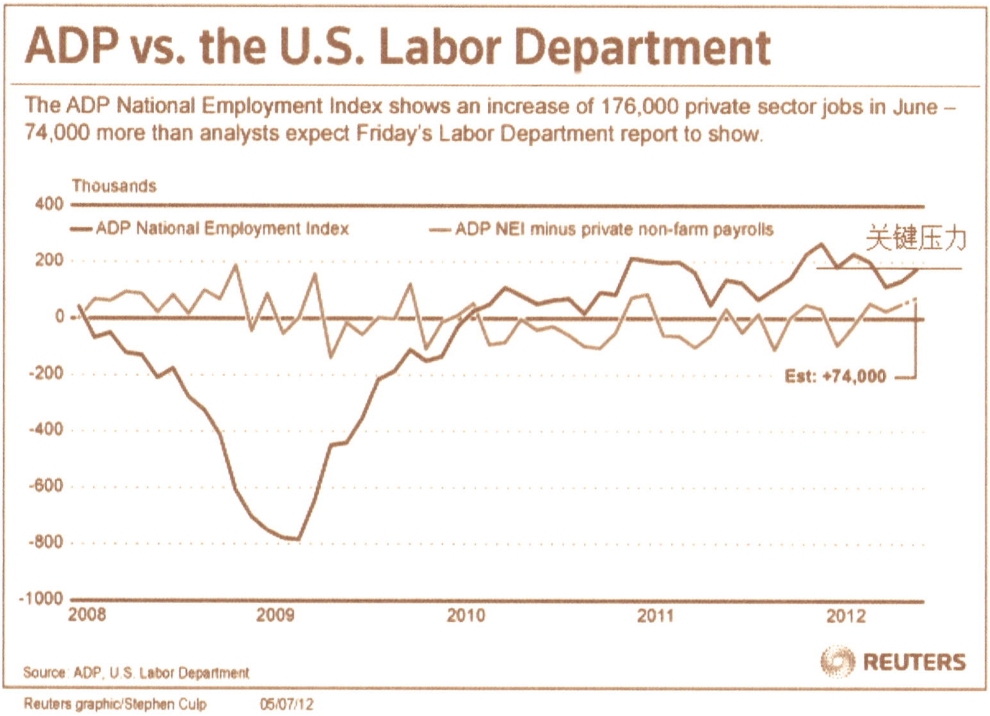

图 6－32　数据曲线反映真正影响机理（10c）

预期值 0.2%，公布值 0.7%，大幅高于预期。21：55 公布美国 7 月份密歇根大学消费者信心指数初值，前值 73.2，预期值 73.5，公布值 72.0，低于预期。

PPI 数据虽然高于预期，但是只是与上月持平，在数据历史走势曲线中不能确定下行趋势延续（N 字下跌）还是可以实现 U 型转向，如图 6－34所示。所以数据公布后，金价先是小幅下跌，然后进入短期震荡格局，如图 6－33 所示。

其后公布的消费者信心指数低于预期，但是在数据历史走势曲线中则是使下行速度放缓，这种放缓使该数据仍然有机会形成头肩底，如图 6－35所示。所以黄金市场的反应是先快速上涨，然后慢慢回吐涨幅。

图6-33 数据曲线反映真正影响机理（11a）

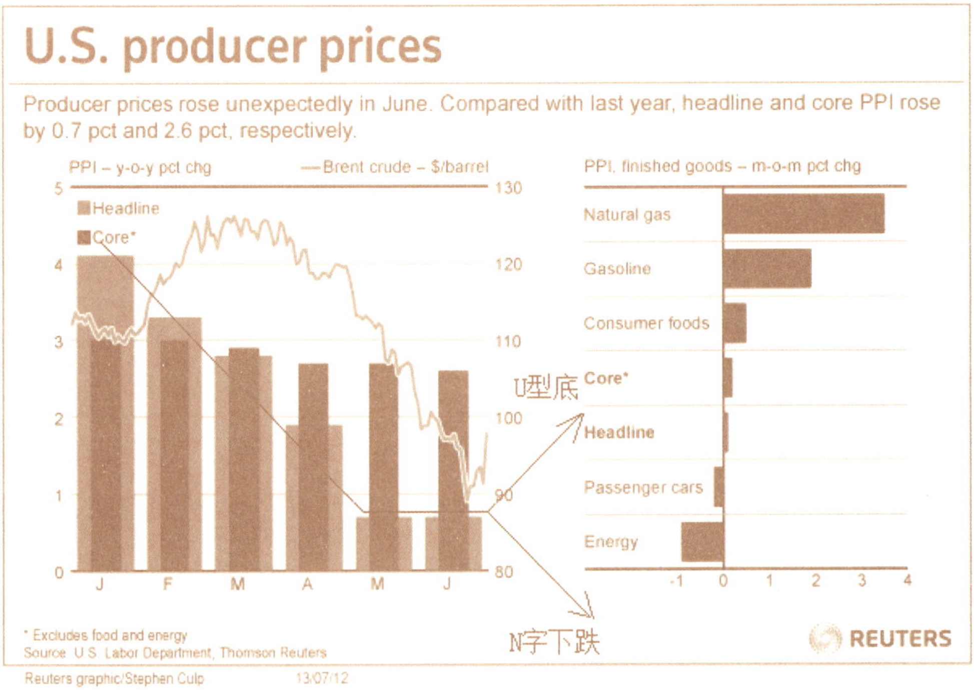

图6-34 数据曲线反映真正影响机理（11b）

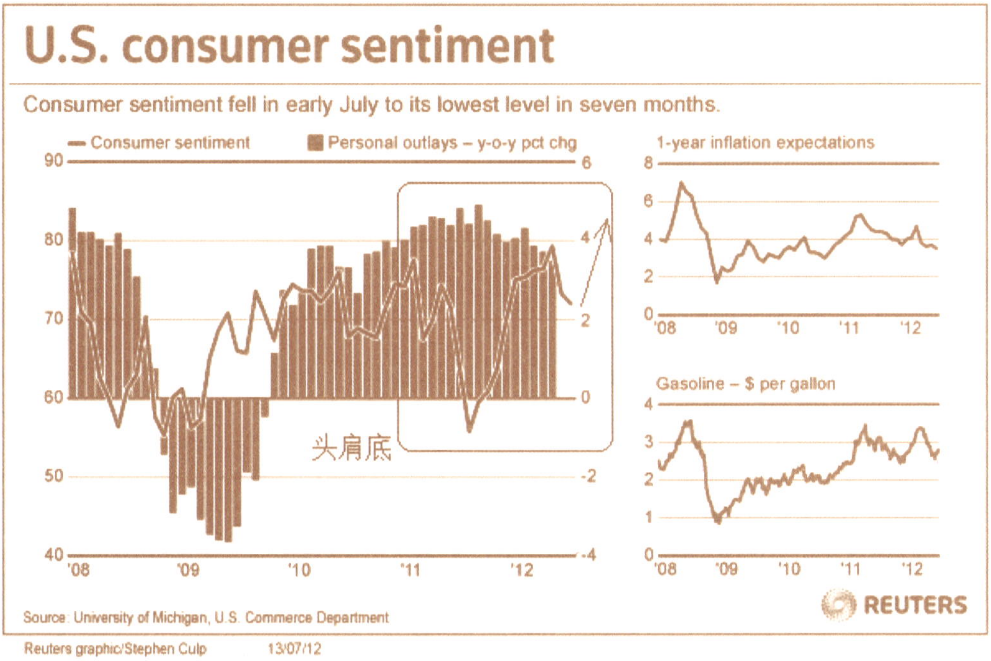

图 6－35　数据曲线反映真正影响机理（11c）

7 月 18 日 20：30 公布美国 6 月新屋开工数据，前值 70.8 万，预期值 74.5 万，公布值 76 万，高于预期。22：30 公布美国上周 EIA 原油库存变化数据，前值 －469.6 万桶，公布值 －80.9 万桶，仍然是供不应求的状态。

原油库存数据也是一个比较重要的经济数据，虽然它的公布频率高，每周三都会公布，但是它的影响力不容小觑，特别是数据变化幅度大的时候。

如图 6－37 所示，新屋开工数据走强，而且创反弹阶段的新高，对金价构成明显利空，金价迅速下跌。其后不久，受原油库存仍然减少的利好，金价反弹修复跌幅。

8 月 3 日 20：30 公布美国 7 月份失业率，前值 8.2%，预期值 8.2%，公布值 8.3%，高于预期。同时公布美国 7 月份非农就业人数变化，前值 8 万，预期值 10 万，公布值 16.3 万，大幅高于预期。

图 6－36　数据曲线反映真正影响机理（12a）

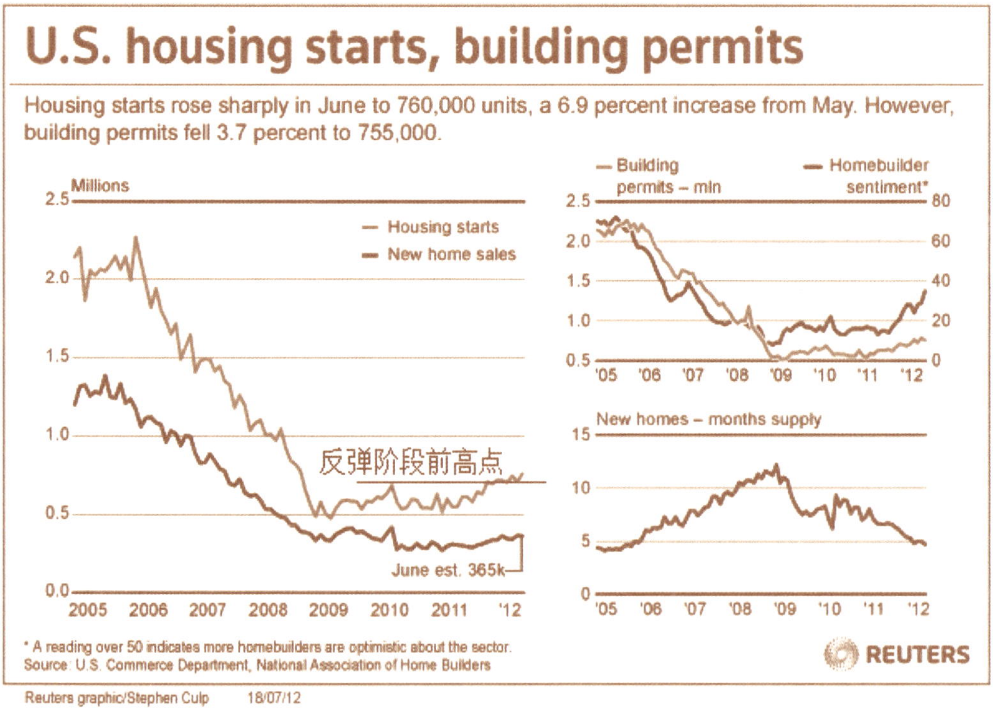

图 6－37　数据曲线反映真正影响机理（12b）

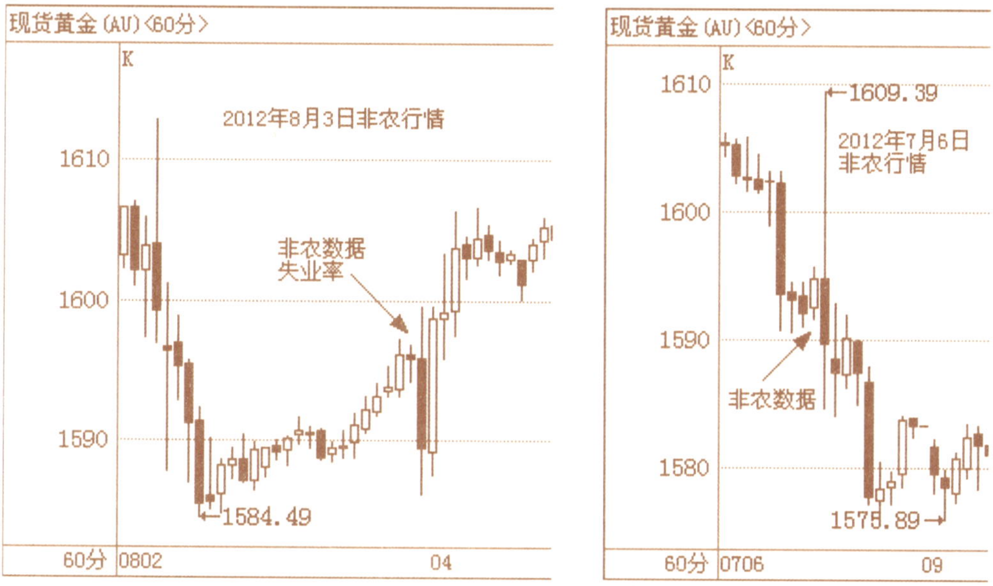

图 6－38　数据曲线反映真正影响机理（13a）

失业率回升，非农走强，两个数据的影响方向相反。其实每个月的第一个周五同时公布的美国这两个就业市场数据谁强谁弱一直在市场投资者中没有达成共识。当然，有时候可以结合市场环境得出结果：当时哪个是焦点，哪个就更重要。

不过这种方法同样在不少情况下会失效，例如在市场高度关注美国非农的 2008—2009 年、市场高度关注美国失业率的 2012 年 QE3 前后，都有不少失效的实例。这里就不一一列举了，有兴趣的读者可以翻查历史数据和走势。

这个实例的影响机理同样需要从历史数据走势曲线中找到答案。非农数据高于预期的直接后果是它的走势在零轴上方构成 W 底，这与上一次公布造成的 N 字下行预期形成强烈反差，如图 6－39 所示，这是明显的利空影响。而失业率与前值相差不远，所以数据公布后市场第一反应是快速下跌。

而实际上，非农数据的历史走势曲线在短期内从 N 字下跌变为 W 底，就像行情快速出现向上转折形态和向下转折形态一样，连续出现之后，投资者就会意识到是震荡局势，也就是说非农数据只是保持零上的强势震荡，而非预示进入走强的阶段。更重要的是，失业率的小幅上升破坏了两个月的持平态势，形成V形回升的雏形，如图6－40所示。所以，这个月公布8.3%和8.2%的失业率所造成的市场心理预期效果可谓差之毫厘，失之千里。简单来说，这两个数据的总体影响实际上是强烈的利好。所以，金价走势是短暂下跌后展开大幅上行，如图6－38（左图）所示。

这与7月6日的情况有很大区别，当天也是公布非农与失业率，失业率的走平打破了V形底或者N字顶的预期，对行情不能形成定向影响。而非农则走出N顶的雏形，所以尽管当时主力资金借助当周空头获利盘了结之势大幅诱多，也不能改变数据强烈的利空作用，金价大幅冲高后最终展开下行波段，如图6－38（右图）所示。

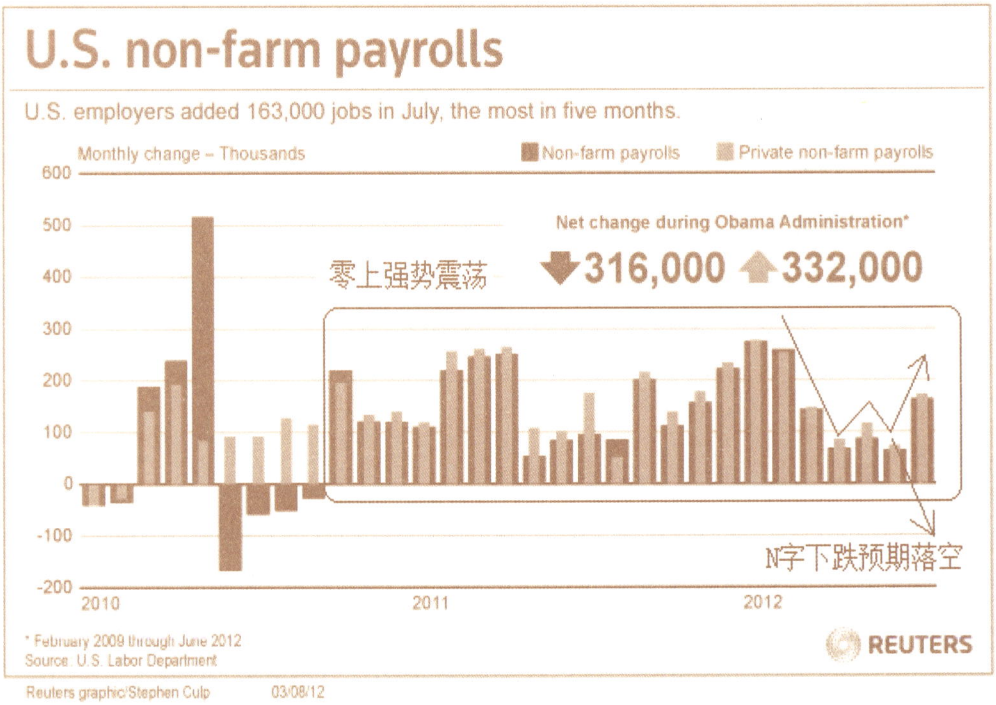

图6－39　数据曲线反映真正影响机理（13b）

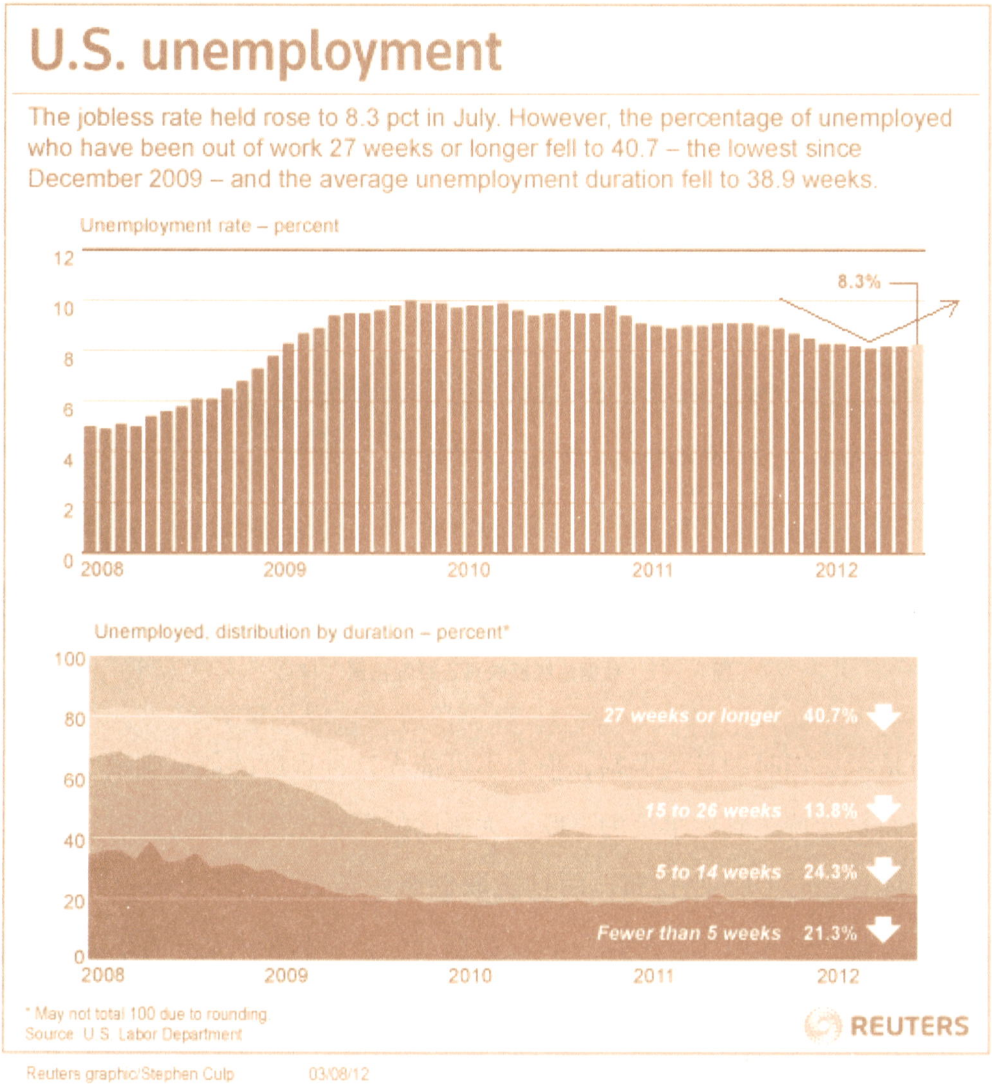

图 6－40　数据曲线反映真正影响机理（13c）

11 月 3 日 20：30 公布美国 10 月份失业率，前值 7.8%，预期值 7.9%，公布值 7.9%，与预期持平。同时公布美国 10 月份非农就业人数变化，前值 11.4 万，预期值 12.5 万，公布值 17.1 万，大幅高于预期。

这是一个比较特殊的例子，当时的市场环境的影响非常大，所以当晚走势非常特殊。当晚公布的失业率与预期持平，非农数据高于预期，更高于前值，所以表面构成单向利空，金价下跌，这是简单的表面理解。

图 6-41 数据曲线反映真正影响机理（14a）

但是考虑当时的日均振幅，根本不可能在这种程度的数据刺激下引发如此大而且能持久到后半夜的下跌。大幅度的下跌主要是因为当时特殊的市场环境，当时 QE3 刚公布，而且美联储暗示若就业情况好转，或许会提早结束量化宽松政策。所以，非农数据走强就引起极大的关注，或者说是担忧，而当晚便引发超常态的大规模下跌。这种解释在 11 月 6 日的各大网站分析文章中随处可见，乍看很有道理。但是在 11 月 6 日，在没有任何重要基本面出炉的情况下，金价完全回补 11 月 3 日的跌幅，使这种表面解析不攻自破，如图 6-41 所示。

真正影响行情的仍然是经济数据本身的历史走势曲线。失业率虽然与预期持平，但始终高于前值，在数据曲线中打住了刚要展开 N 字下跌的趋势，如图 6-42 所示；非农数据虽然高于前值，甚至高于预期值，但是在自身的历史走势中充其量只是延续零上震荡态势，如图 6-43 所示。

因此综合来讲，两者都没有带出明显的后市趋势，所以金价的水平也不应该有明显的变动。所以，在没有任何美国经济数据或重要经济事件的

11 月 6 日，金价“神奇”地回补了 11 月 3 日的全部跌幅。

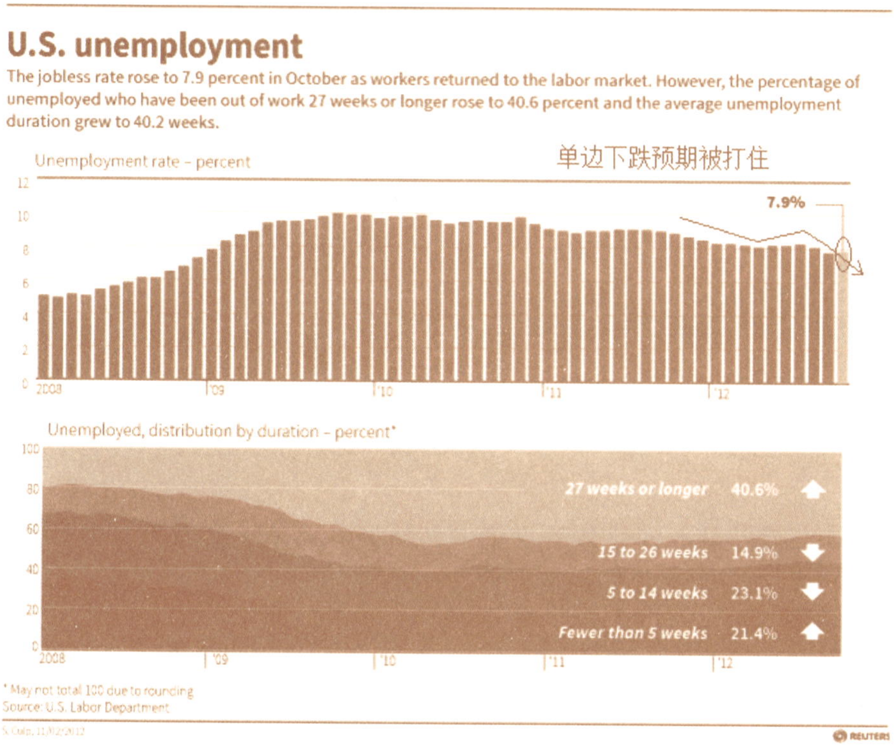

图 6－42　数据曲线反映真正影响机理（14b）

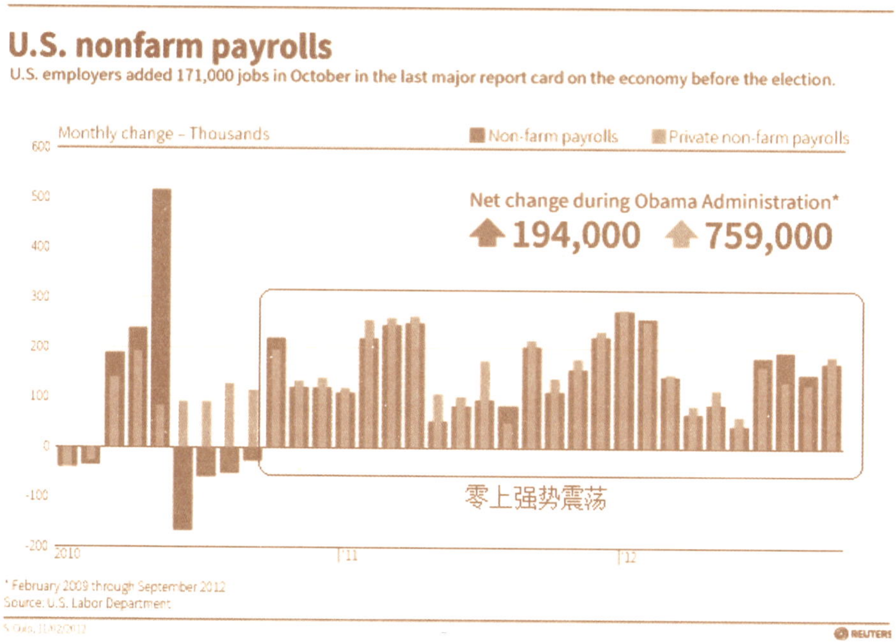

图 6－43　数据曲线反映真正影响机理（14c）

第七章　判断行情属性看市场心理

为什么说“市场心理决定行情属性”？市场心理是怎样主宰着行情属性呢？

怎样利用市场心理分析来指导交易呢？

如果你是学理科的，你可以通过钻研，单凭技术分析发展出一套绩效不错的交易系统。如果你是学文科的，你可以通过保持对大量基本面的研究与理解，单凭消息交易法鹤立于普通交易者。如果你要凭借交易致富，那么你必须同时熟谙这两个方面，但这并不是最关键的，最困难的是，这两个方面经常产生矛盾，怎么让它们互补才是关键。

行情属性的判断对技术面分析来说是个大难题，对于基本面分析来说也不是一件简单的事情。行情属性是由心理因素决定的，行情的波动其实就是市场心理的波动。但是心理因素的分析在目前还没有发展到基本面或者技术面的系统化程度，而且预计在相当长一段时间内，这种状况也很难得到实质性的突破。

心理因素分析对大多数投资者来说还是一个非常抽象的事情。心理因素方面的知识可以很复杂，也可以很简单。简单来说，心理因素就是介乎于基本面和技术面之间的一个层面，但它不是独立存在的，它既依赖于基本面，也依赖于技术面。它由基本面产生，也由技术面产生。而基本面和技术面正是通过它，实现互相影响。

第一节　基本面分析第二大技巧
——与技术面相互影响

刚入门的投资者都知道分析行情要从基本面和技术面两方面结合去分析。然而身经百战的投资者却知道实际指导交易当中两者只能选其一，因为两者相冲突的情况比相辅相成的情况还要多。

很少人思考过，基本面和技术面之间在特定条件下原来存在着相互影响的关系。

这句话有两点需要强调：第一，相互影响；第二，是有特定条件的。

一直以来都存在一个很有趣的现象：不少技术派的投资者或分析师认为技术面决定基本面，基本面是服务于技术面的，而不少基本派则认为技术面只是跟随基本面。

两种看法都太绝对化，而且单向化，因此两派长期对立而始终没有结果。因为双方都有正确的时候，也有很多错误的时候。

基本面和技术面既然都能用作分析行情，而两者无论单独还是结合来分析行情都不能取得明显改善的结果。然而，两者都长期流传下来了，说明各自都有足够的存在价值。

既然“先烈们”告诉我们基本面和技术面结合使用也是徒劳无功，那我们就没必要去钻牛角尖，应该往另一方向思考，思考大众忽略的地方，例如两者会不会有共同点呢？能不能从两者的共同点着手呢？

答案是“有的”！就是两者对心理层面的影响。在市场参与者中，技术派和基本面派大致各占半数，所以技术面和基本面的信号都能对市场造成明显的心理影响。而正因为两者的这一个共同点，决定了基本面和技术面在一定情况下存在相互影响的关系。

基本面的第二大技巧包括两方面：

一方面，技术面在某些情况下是先于基本面走出影响方向的趋势，即可以借助技术面预知基本面的公布结果；另一方面是在既定基本面公布之前，市场对基本面的预期会左右行情的属性。掌握这一技巧，你就不必每次都提心吊胆地不断刷新资讯网站，也可以减少很多在横盘阶段中的破位操作。这两方面都是心理因素的层面。

当既定基本面公布之前，或者突发基本面出现之前，如果技术面出现很强的方向信号，那么技术派投资者就会形成很强的一致方向的交易心理，这有利于在基本面公布或出现时形成冲击性行情。这是技术层面通过心理预期预告基本面结果。

当技术趋势不明显的时候，重要的既定基本面公布之前，如果市场预期是一致的，那么基本派交易者就会形成一致的交易心理。例如市场预期基本面公布结果是利好的，那么公布前基本派交易者就会一致趋于买入交易，呈现单边多头行情；如果市场对基本面结果预期有较大分歧的话，那么公布前基本派交易者就会趋于维持价格水平的交易心理，呈现宽幅或窄幅的震荡行情。这是基本面通过心理预期决定技术面的行情属性。

技术层面通过心理预期预告基本面结果的原理可以通过图 7－1 所示的投机主力资金运作模型来理解。投机主力资金的资金量一般都很大，他们不可能通过超短线操作获利，大资金进出都需要较长时间，所以他们的获利模式是在基本面出炉之前完成仓位布局阶段，这个阶段往往会形成底部或者头部形态，这样在基本面出炉的时候，就可以形成包括基本派和技术派的大部分市场参与者的一致方向交易，实现推动行情大幅单边运行的目标，从而实现获利。

并不是说投机主力资金能预先知道所有基本面的公布结果，但是投机主力有渠道比一般市场参与者提早知道既定基本面的结果，甚至可以

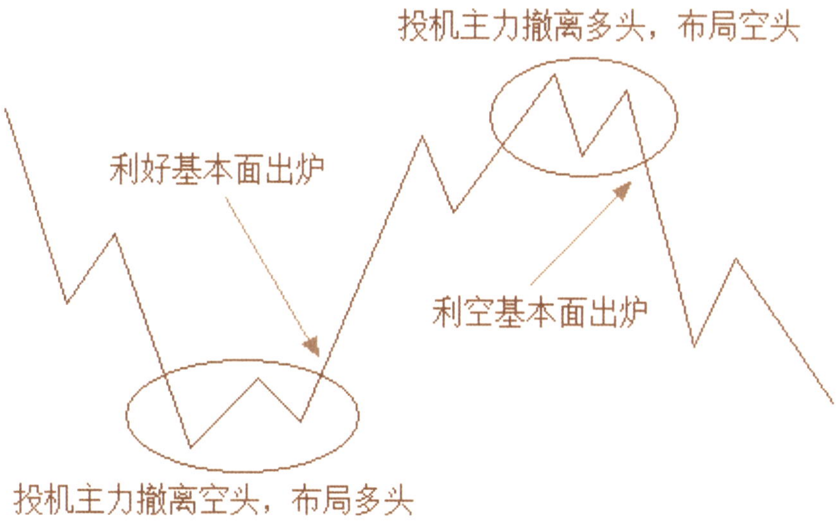

图 7－1　投机主力资金运作模型

左右政府官员的讲话。很多经济事件的决定没有经过那么多次的讨论，也不对外发布一些不必要的中间过程，这些过程很多都只是为投机主力服务。个别强大的投机主力甚至可以自己创造突发基本面。个中原理暂不做更深入的讨论，我们最关心的是这种原理怎么应用在实际交易的指导中。

技术面如何通过市场预期决定基本面方向

下面举几个例子进行说明。

（1）2013 年 1 月 19 日路透中文网的一篇关于近年的热门股票——苹果的头条（苹果股价要走出困境，需以业绩打破技术分析偏空信号）就间接揭示了这种关系（原文可在路透中文网深度研究专栏中查阅）。

尽管苹果触及 11 个月低位后，市场广泛认为其股价被低估，10 家券商中有九家推荐投资者买入或持有该股，但如果技术策略师是正确的，那么苹果股东仍将处境艰难。

技术策略师指出，交易图表显示投资者预期有买盘来支撑苹果股价的价格点位很少。比如从基于其 50 日加速率（rate of acceleration）的中期动能来看，该曲线自3月以来呈现负斜率，但尚未触及超卖水准。

Schaeffer Investment Research的资深技术策略师Ryan Detrick表示，在目前水位很难找到一个进入点位。

“技术面深受重创，同时看来仍处于一个下行趋势，Detrick称，这仍是一档你希望躲开的股票，我们认为其表现很有可能逊于大盘。”

苹果1月23日公布12月止季度业绩时有机会扳回局面。投资者对此异常紧张，因有许多报道指出，苹果可能减少采购iPhone和iPad显示屏，而这两大产品线合计营收比重超过七成。

就算苹果业绩远远超过华尔街保守的预估，短期要重塑信心还有一段路程要走。一些分析师指出，苹果仅仅达成目标是不够的，这会导致股价在短期内进一步走低。过去10年中，苹果仅有四次获利业绩不及分析师预估，其中两次发生在近期。

（2）2011年5月1日，拉登被美军击毙的死讯使贵金属市场特别是白银市场遭遇突如其来的重挫。对基本派来说，这是一个始料不及的晴天霹雳。但对技术派来说，这并不是一个很大的意外，甚至带来一笔横财。4月29日一整天都陷入横盘行情，一般的技术派投资者都可以看到布林带明显收口，这预示将会有单边行情启动，不过方向却不能预知，在布林带开口的时候，交易时机已经过去了。但是能力高的投资者是可以预测到将要向下突破的，例如掌握KD趋势技术的投资者就可以在4月29日晚提早布局空头仓位，图7-2是当时国际银价的操作实例（白银T+D市场因为断点缺失连续而没有形成及时的可靠做空信号，故此处以国际白银市场展示）。

（3）2013年1月16日，当天出炉年内第一个冲击性利好基本面——惠誉警告美国可能要下调其最高信用评级。虽然只是警告，但已经足以产生一种比较强烈的预期行情。但从历史走势可以看到，年内的第一波涨势已经在此前启动了一个多星期。其实早在1月8日，日线就形成向上刺透的反转形态，这个形态预示金价将形成第三类斜W底，目

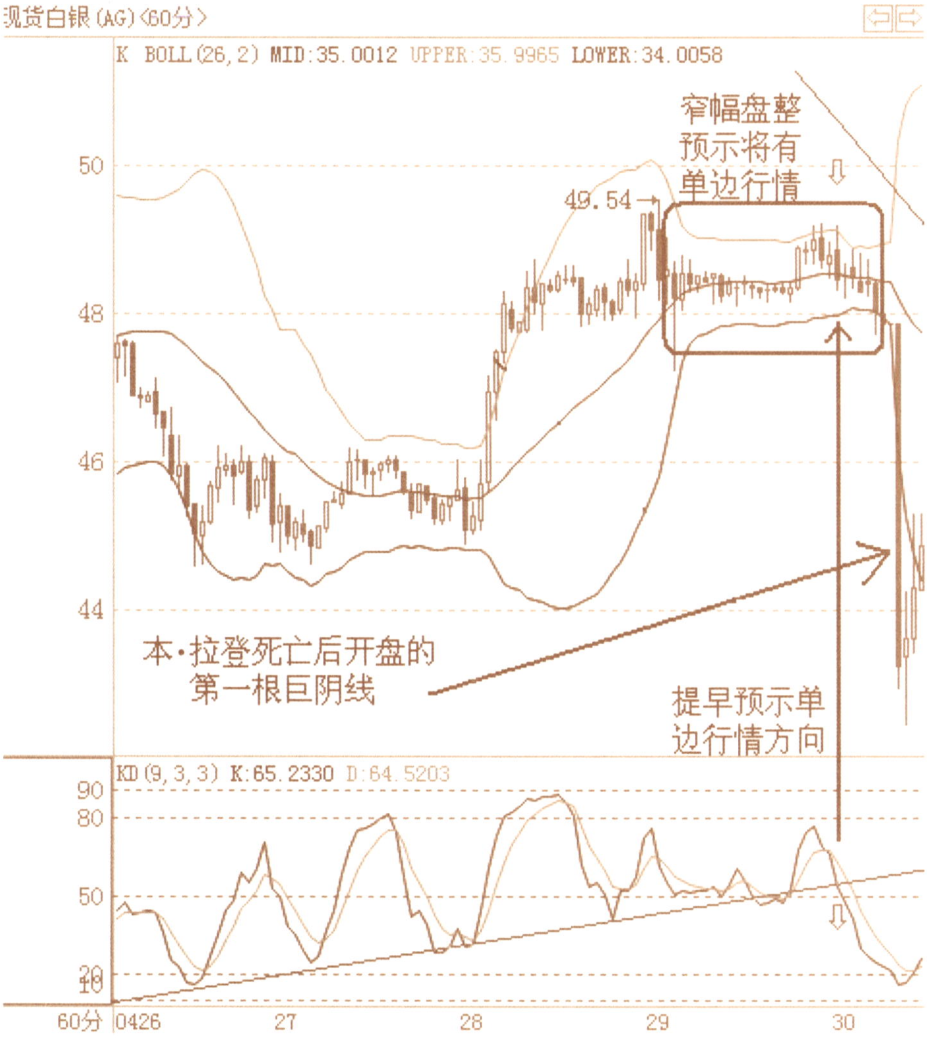

图 7-2 技术面提前揭示基本面影响方向（1）

标至少上试颈线（相关技术知识可参考《白银投资技巧实战篇》相关的形态学章节）。而且形态出现在 KD 趋势上破之后，如图 7-3 所示，这样能引起广泛的技术派定向多头交易。在消息面真正公布的时候，拉升波段已经完成了一半多，投机主力借助后进的基本派多头接盘完成盈利的多头仓位撤离。

图 7－3　技术面提前揭示基本面影响方向（2）

无独有偶，1 月 28 日缓和对美国评级调降的威胁，而当时金价的阶段回落波段已经从最高点向下运行了 3 个交易日，跌幅累计达 40 美元/盎司。而下跌的第一个交易日，日线的空头转向信号已经非常明显，读者可翻阅当时的走势图，作为第一次练兵之用。

投机主力有大小之分，同一个投机主力也有不同的仓位量操作：对应中长线大资金布局—重要基本面出炉—启动中线行情；短线小资金布局—日常基本面出炉—启动短线行情。

2013 年 1 月 30 日，在市场经历大幅下跌后，当天白天时段金价悄然确认翻过顾比均线长期组，并在欧盘时段完成了一次在顾比均线长期组与长期隧道之间的回荡，这是经典的三线模式中回荡—突破模式的启动形态（三线模式的技术内容在后面章节有详细介绍）。

而当晚21：30要公布一个非常重要的数据——美国第四季度GDP年率初值，前值3.1%，预期1.1%。当天白天时段金价在大幅回落后能坚挺地走出回荡—突破模式的启动形态，就是因为受这种利好预期的支撑。而标准的回荡—突破模式的启动形态，又反过来预示美盘时段公布的GDP数据利好程度会更胜预期，因为启动形态的涨幅绝对不及启动后的涨幅。投机主力借助利好预期只是制造出启动形态，他们的下一步必然要借助数据实际公布的更大利好来推动突破行情。

当晚公布的美国第四季度GDP年率初值是-0.1%，不但低于预期，并显示美国2012年GDP无法实现正增长。从而意味着当时以货币宽松为主的经济刺激措施还将长期实行，打破了当时市场对无期限的QE3随时

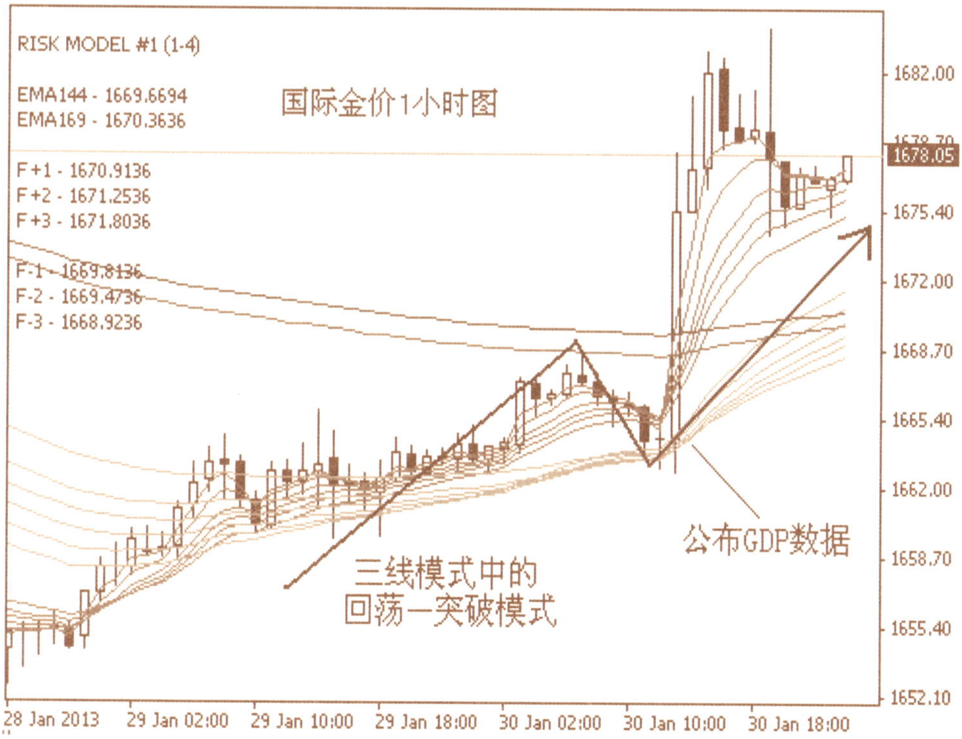

图7-4 日常基本面“迎合”技术走势

结束的担忧。在此推动下，金价快速翻越长期隧道，实现了20美元/盎司的涨幅，并重新把金价拉回多头强势阶段，如图7－4所示。

（4）2013年1月17日21：30公布新屋开工指数和初请失业金人数，两者均好于预期，且引领数据历史趋势走强，如图7－5和图7－6所示。当时金银价格应声大跌。这很正常，但这不是重点。重点是22：30开始过山车式的反弹，而且再创新高。

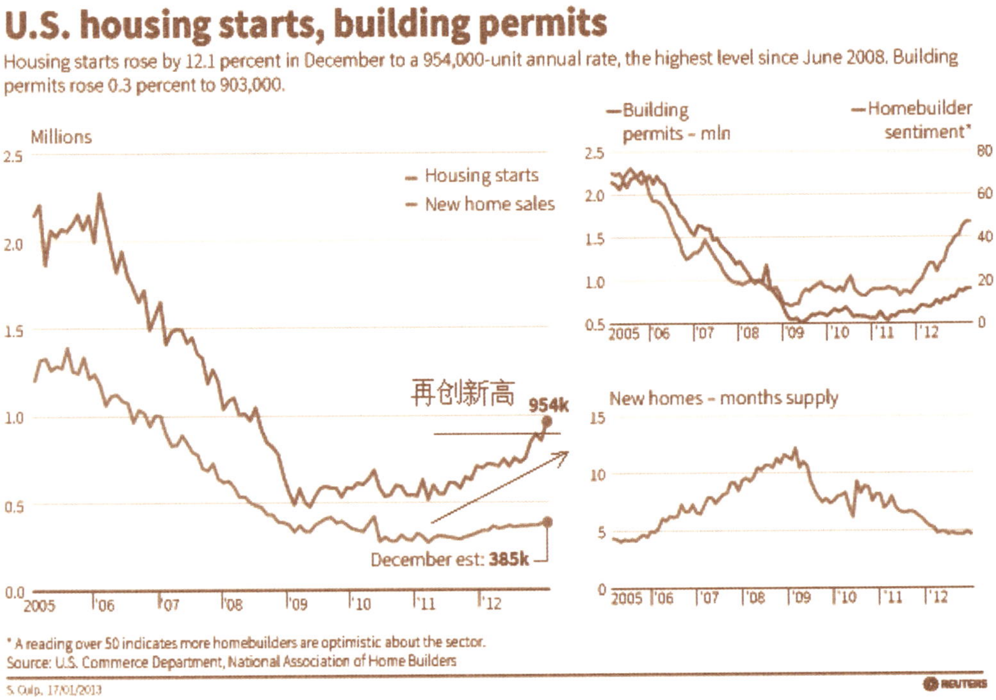

图7－5　新屋开工指数走势

翌日分析师的主流分析是因为费城联储制造业指数意外大幅下跌。有仔细观察过行情的投资者都能分辨得出这是非常荒谬的。荒谬之一，反弹是从22：30开始，而制造业指数是23：00公布的；荒谬之二，制造业数据的历史走势处于无趋势状态，虽然公布值走弱，但也只是维持震荡态势，没有对趋势起推动作用，如图7－7所示。所以这不可能敌过两大引领趋势的数据影响力。

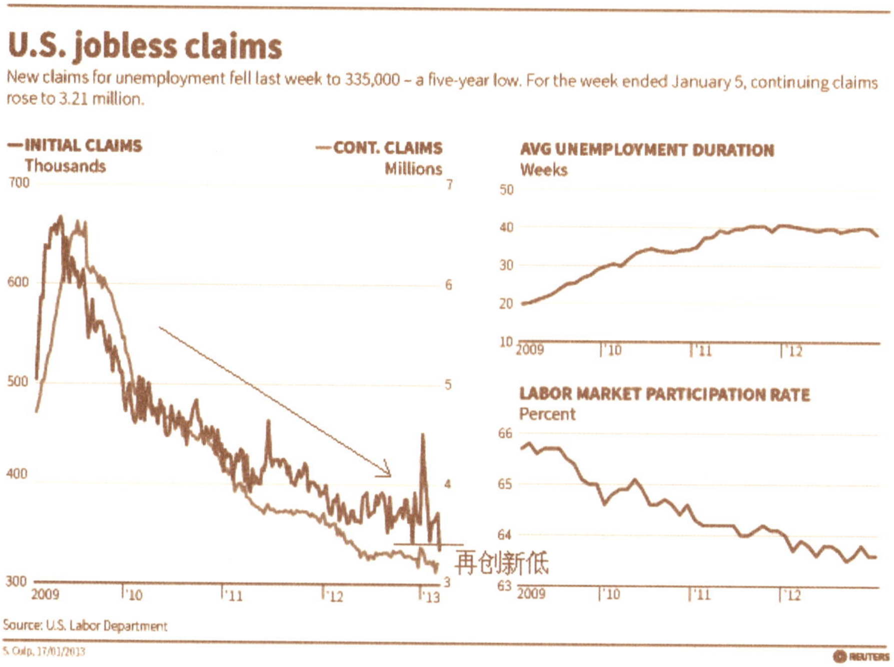

图 7－6　初请失业金数据走势

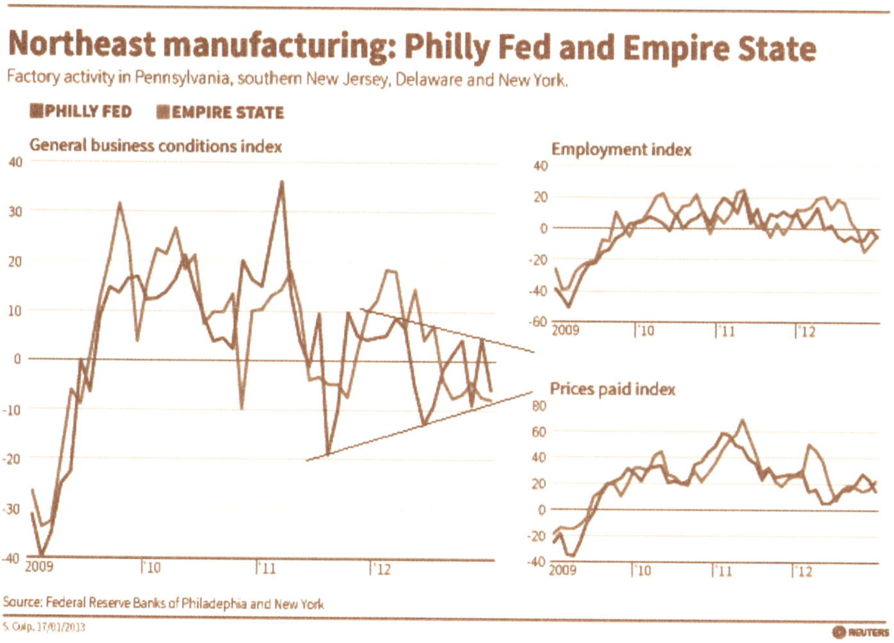

图 7－7　制造业指数走势

这种基本面无法解释的问题仍然可以从技术面得到很好的预告。宏观形态方面，当时周线的KD指标刚刚低位金叉多头心理处于明显的优势低位、日线向上刺透提早确认斜W底（如图7－3所示）、银价翻越久攻不破的4小时长期隧道（此知识点在后面技术章节有详细介绍），这些都显示中观多头趋势非常稳固；而微观方面，当时1小时走势形成KD同步趋势（此知识点在后面技术章节有详细介绍），数据公布后金价动态跌破价格趋势线，而同步的KD趋势却明显未跌破趋势线，如图7－8所示，关联银价市场的KD趋势甚至远离对应趋势线，也即当时金银价格根本不具备破位下跌的基础，预示价格将会反抽修正。所以当晚的经济数据其实只

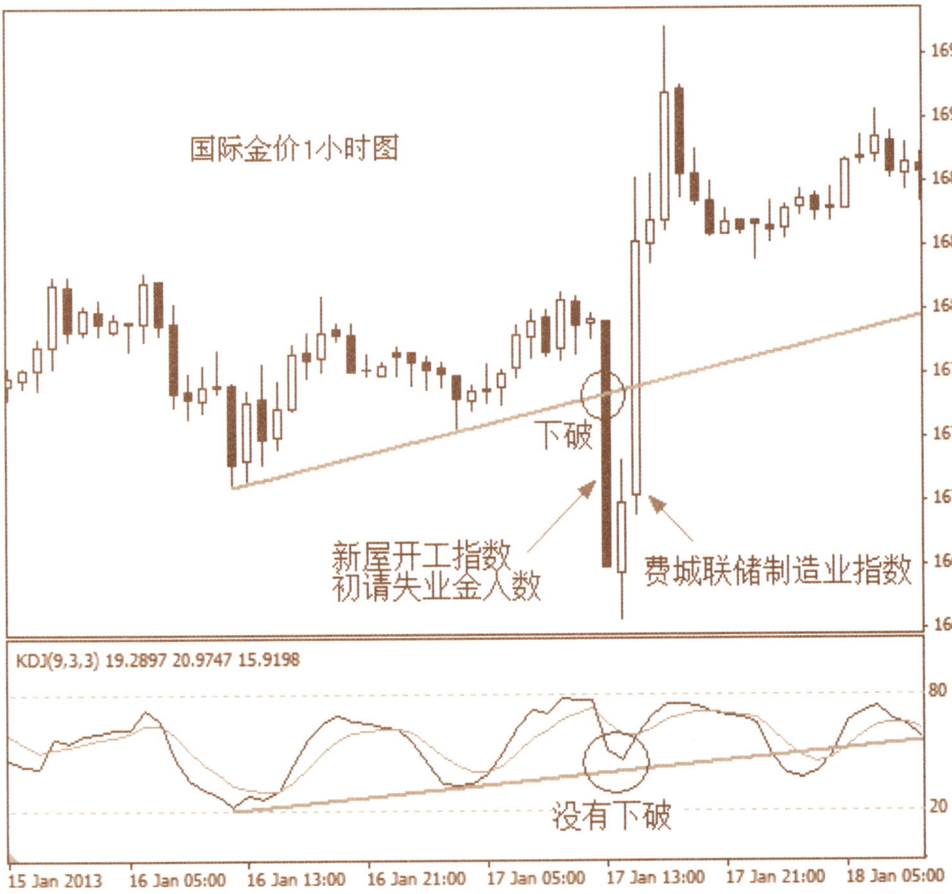

图7－8　KD趋势技术过滤数据冲击性影响

是投机主力用以抖出坚定的多头散户、引诱追风者的工具。

在美盘时段，这是一种预测大型过山车行情的技巧，追求短期快速获利的投资者可在实践中积累这方面的经验。

基本面如何左右行情属性

下面通过两个典型事例简单介绍一下。

（1）2017 年 2 月份第一个星期三 2 月 1 日当晚公布美国 ADP 就业数据。ADP 就业数据被比作“小非农数据”，市场对当晚数据非常重视，但由于预期值与前值相差甚小，因此没有产生一致的方向预期。这种情况

日期 时间	事件	前值	市场预测	结果
02/0121:15	美国1月ADP就业人数变化	15.3万	16.7万	24.6万

图 7－9　基本面左右行情属性（1）

下，市场参与者在当天白天就产生一种维持价格水平的交易心理，即震荡交易或者持币观望。所以，周三白天黄金市场处于小幅震荡格局，图7－9所示的是当时的金价30分钟走势图。

（2）2017年1月份第一个星期五1月6日当晚公布美国就业数据。由于其中非农数据预期基本与前值持平，但失业率普遍预期上升，所以当周早早就展开了上涨行情，并延续贯穿了基本面真空期的一整周。数据公布结果是失业率如期，非农数据小幅上升。如图7－10所示，就是当周的金价1小时走势图。可以看到，如果没有非农影响因素，当晚金价是持平，而不是下跌。也就是说，失业率数据的利好推动上涨波段在数据公布前就已经走完。

日期 时间	事件	前值	市场预测	结果
01/0621:30	美国12月失业率	4.6%	4.7%	4.7%
	美国12月非农就业人数变化	17.8万	17.5万	15.6万

图7－10　基本面左右行情属性（2）

简而言之，一致的市场心理决定单边的行情属性，不一致的市场心理决定震荡的行情属性。

第二节 预期行情才是主战场

在介绍本节知识之前，先跟大家分享一下上一章提及的《道氏理论》中的另一个重要观点——道氏理论的第二大假设的另一半观点：因为每一位对于金融事务有所了解的市场人士，他所有的希望、失望与知识，都会反映在相应市场的走势中。所以，市场走势永远会适当地预期未来事件的影响。

因此，我们如果能够从预期的角度去分析市场走势，那无疑我们的分析更具预见性，同时也拥有更高的吻合程度，甚至能把握更完整的行情，大幅提高实际交易的盈利空间。

既定基本面出炉前之所以能影响行情属性，那是因为既定的重要基本面在出炉之前如果没有其他重要因素影响，那么市场参与者就会倾向于沿着他们的预期路线去交易。当市场预期取得大部分一致的时候，这种交易倾向就能形成行情趋势。这种行情趋势就是基本面通过市场心理主导其公布前的行情，也就是心理因素决定的行情属性，这段行情称为“预期行情”。如图 7－11 所示。

这只是一个示意图，实际行情中有很多比这复杂的走势，而这里也只是展示了其中一种情况，即既定基本面的预期和公布结果都是利好的情况。其他的情况包括：预期和公布结果都是利空的，预期是利好但公布结果意外利空，预期是利空但公布结果意外利好；预期或公布结果不能取得一致，产生分歧的情况；预期利好，公布结果也是利好，但是程度不及预期。

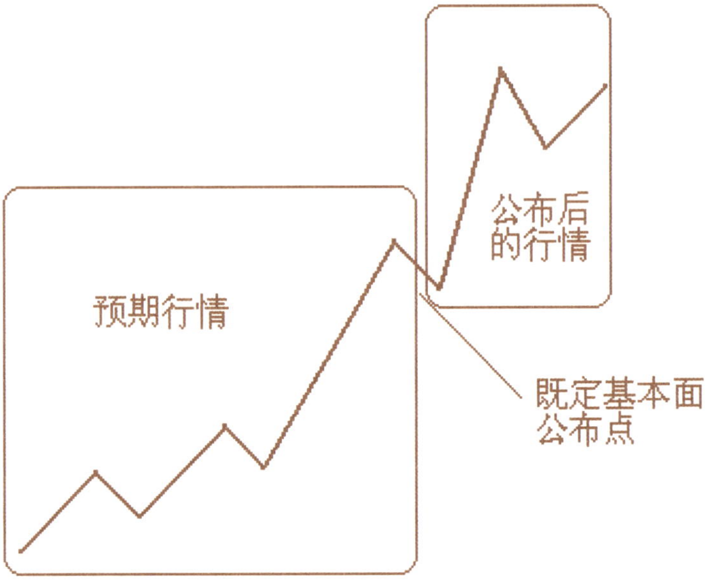

图 7－11　预期行情

公布后的行情受公布结果影响，但不完全是受公布结果决定，这主要由公布结果和市场预期的关系决定，还受公布后市场参与者的获悉程度、理解情况等影响，甚至还要参考以往类似基本面的历史表演，影响机理并不简单。

很多投资者喜欢等待基本面公布后，根据公布的影响结果做交易。没错，这样做时效性很高，但是交易效率却很低。有经验的投资者都知道，这样做会遇到各种各样的问题，而且基本上是无法解决的。例如，按照基本面公布的影响性质来交易，方向也不一定对；短期方向对了，但是真正的方向却背道而驰；甚至基本面公布之后自己根本无法马上判断出它利好还是利空；基本面公布后行情波动一般很大，个人心理因素的贪婪或恐惧会导致错误操作大大提升，包括进场，也包括出场。

先不说基本面公布后短期完成它对市场影响的判断不简单，就算能判断正确也不见得行情就乖乖地朝着这个方向走。正因为这种交易方法太具时效性，因此实际交易中太容易与之失之交臂。先不说交易软件和个人网络的延迟问题，光是消息来源我国就比西方国家慢。议息会议他们可以通过直播，甚至现场获悉，而我们最快的火线速递也存在翻译和发布的延迟。对于极具时效性的交易，这点延迟足以让你的处境变得相当被动。

既然公布后的行情不太适合交易，那么从预期行情下手呢？

能想到这个问题的读者都是非常成功的，或者将会是非常成功的。

预期行情的时效性远低于公布后行情的时效性，这恰恰是它的优点所在。大多数人都去交易公布后的行情，那么预期行情就是被大众忽略的高价值的交易波段。预期行情一般都比公布后行情的持续时间要长很多，但是运行幅度却不亚于公布后的行情。

对于预期行情，我们有充足的时间去判断对其预期的影响性质，而这个影响性质不需要考虑与其他方面的关系，因此判断一般都很简单。相对缓慢的运行也避免了很多因快速波动而产生的心理干扰因素。

因此，交易预期行情就是用足够的时间去分析简单的影响性质，然后坐享不俗的利润收入。相比既定基本面公布后的行情，预期行情才是成功交易者的主战场。

重要基本面中观或宏观的预期行情

通过下面几个实例来体验一下预期行情的交易价值。

（1）2016 年 11 月 9 日诞生了一次黑天鹅事件——在全世界都认定希拉里当选的情况下，居然在“某地区选民因下雨天气没出门投票”的荒诞理由中，特朗普意外当选了。当时这成就了全年内最刺激的一段行情，无数投资者在当天都没反应过来，甚至过了一周都还没反应过来。大选前后的黄金 T + D 行情如图 7 - 12 所示。

然而，对于只做预期行情的我们，盈利是妥妥的。希拉里是主战派，大选前我们就做多头预期行情，无须考虑意外结果，无须考虑谁当选怎么影响加息预期，无须考虑公布后的各种媒体误导。

这一年的年底行情相当精彩，因为大选过后，紧接着又迎来第二波让市场大跌眼镜的过山车行情。

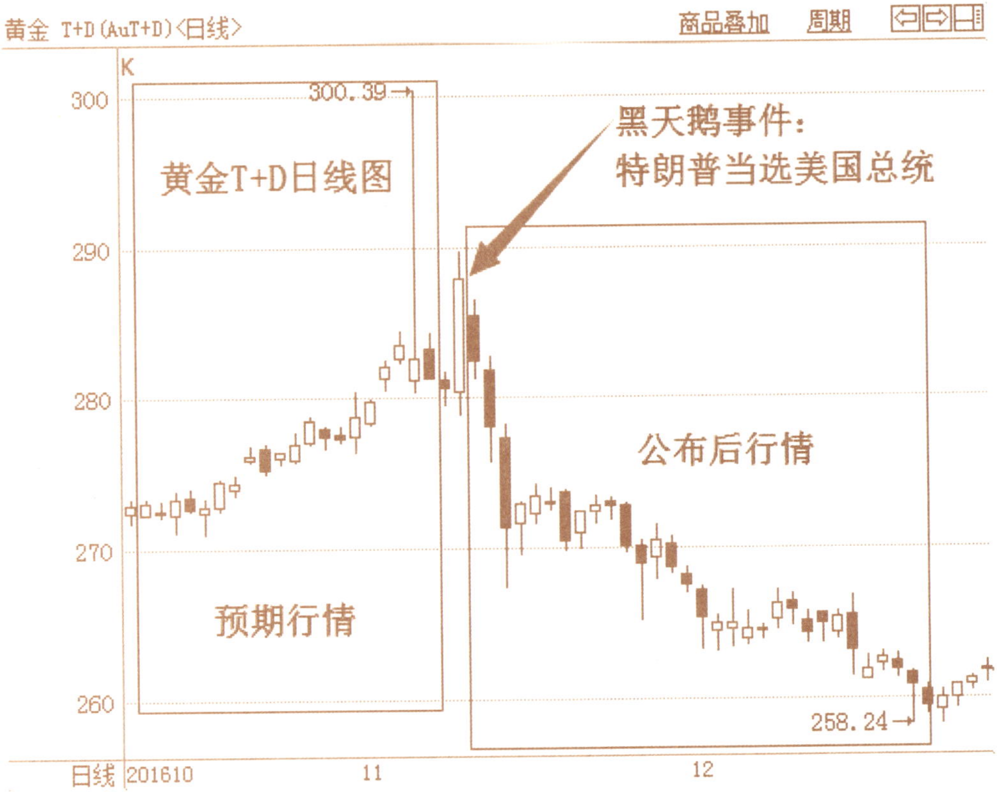

图 7－12　预期行情的交易价值（1）

美联储在 2016 年 12 月 15 日议息会议上如期宣布加息 25 个基点，这对黄金市场是毫无悬念的巨大利空，但公布后金价下跌了不到一周，便迎来超过 3 倍的回升波段，狠狠地给空头上了一课。如图 7－13 所示，这次加息的利空跌幅几乎都集中在预期行情波段，预期行情投资者是这次交易良机的最大受益者。

（2）如图 7－14 所示，这是 2013 年元旦前后的国际金价 4 小时图。元旦当天是美国财政悬崖的命运决定日，在几个月之前，市场就开始高度关注这个事件。越接近事件当日，市场聚焦程度越高。

2012 年 12 月中旬末，媒体大肆渲染美国糟糕的财政状况，制造美国财政将要坠崖的市场预期。如果美国财政坠崖，那么流动性将会被进一步紧缩，在此预期的影响下，金价快速下跌了超过 60 美元/盎司。而进入 12

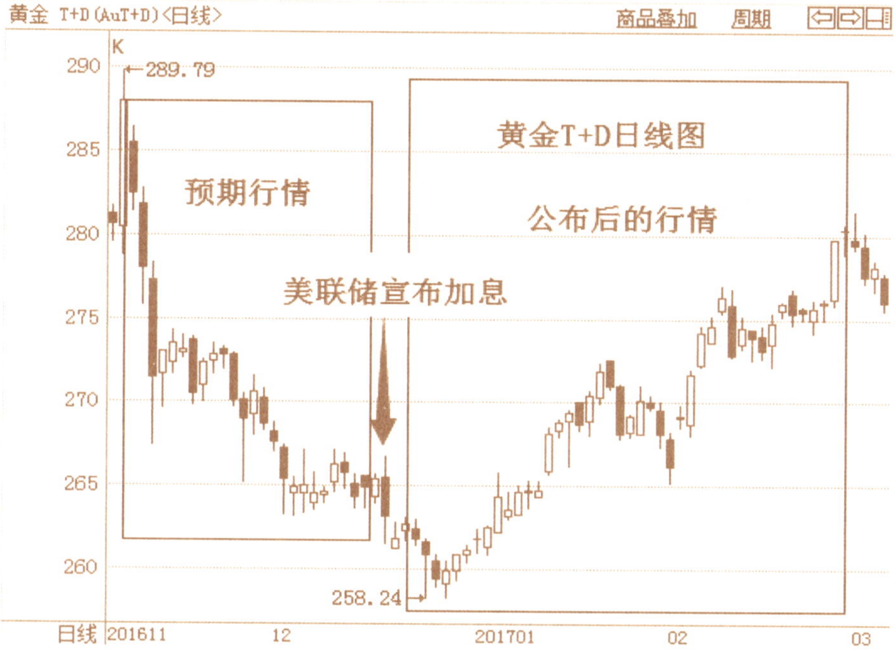

图 7-13　预期行情的交易价值（2）

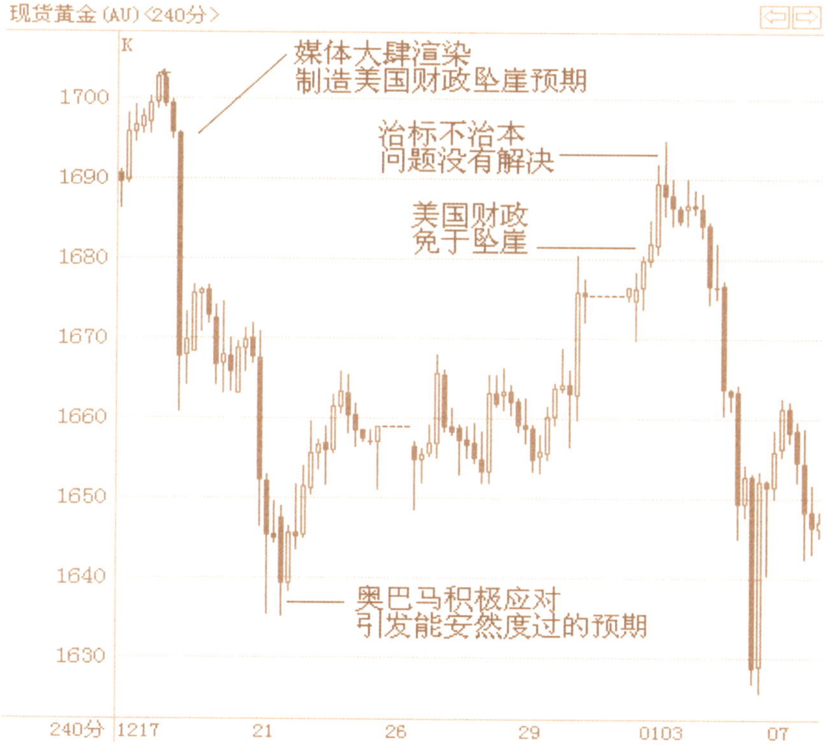

图 7-14　预期行情的交易价值（3）

月下旬后，奥巴马高调表现其对财政悬崖的重视，以及积极应对，决心让美国度过危机，从而引发市场预期的转变，相信美国能安然度过危机。整个12月下旬就朝着这个心理预期运行，展开了超过一周的持续回升。

2013年元旦，美国如期渡过眼前的难关，金价继续上行，但幅度明显不及前两段预期行情。而且只是持续了很短时间，就在市场对其治标不治本的拖延态度的失望情绪下震荡回落。

可以看到，整个美国财政悬崖行情中，公布后的方向行情只是占其中的一小段，预期行情明显比它波澜壮阔。

日常基本面微观的预期行情

（1）2012年9月6日19：45，欧元区公布9月央行利率决议，前值是0.75%，预期是0.50%。当晚20：15公布美国8月ADP就业人数变化，前值16.3万，预期14万。这两个是当天最重要的两个日常基本面，前者预期有利于流通性的增加，后者的预期是对美国就业市场的担忧，两者都是利好金价，所以当天金价从午盘时段开始大幅上涨，如图7－15所示。

公布结果分别是欧央行利率0.75%，与前值相同；ADP就业人数增加20.1万，就业市场情况好转。这相比于同期上月来说，是小幅的利空；而对于市场心理预期来说，就是彻底的打击。所以公布后金价震荡回落，回吐全部预期行情的涨幅。

（2）有时候，市场的预期是很准确的，所以既定基本面引发的行情在预期行情阶段已经走完，而在公布之后就没剩下多少运行幅度。有时候，甚至在预期行情阶段走过头了，基本面公布后行情需要折返修正，这种情况称之为心理过度。

2012年9月28日20：30公布美国8月CPI年率，前值1.3%，预期1.5%，这是当天最重要的日常基本面，2.0%以下的CPI越高，对美国经济越有利，所以从欧盘早盘开始金价就展开向下的预期行情。晚上公布的数据值是1.5%，相比预期没有变化。虽然比前值上升了，但没有高于

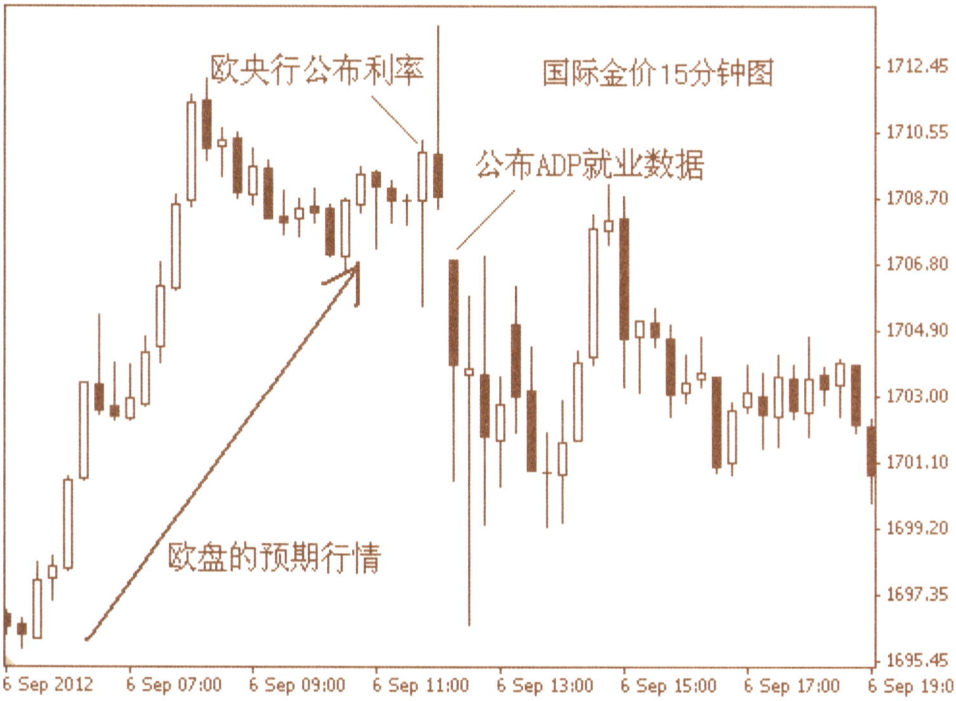

图 7 - 15　预期行情的交易价值（4）

预期，而预期行情已经将这种利空的影响走完，所以公布后行情已经不能再往下，呈一般的震荡态势。

在图 7 - 16 中可以明显地看到，交易预期行情的交易者完全赚走了等待公布后行情交易者的利润，后者苦等一天不但赶不上行情，还要承受破位追空的风险。

（3）2011 年 9 月 12 日当周，上半周欧债的主线问题再次萦绕市场，但金价对应的表现却只是弱势震荡。从而得出经过长期的渲染，欧债题材已经进入阶段性的心理过度，即前期行情上涨的幅度已经超过对应欧债问题能激发的程度，当时价位已经超出市场心理的预期。这种情况下，就是等待一个利空消息面作为借口，金价将要向市场的心理价位修正。9 月 15 日晚，五大央行达成协议联手救欧，金银破位加速下跌，如图7 - 17所示。

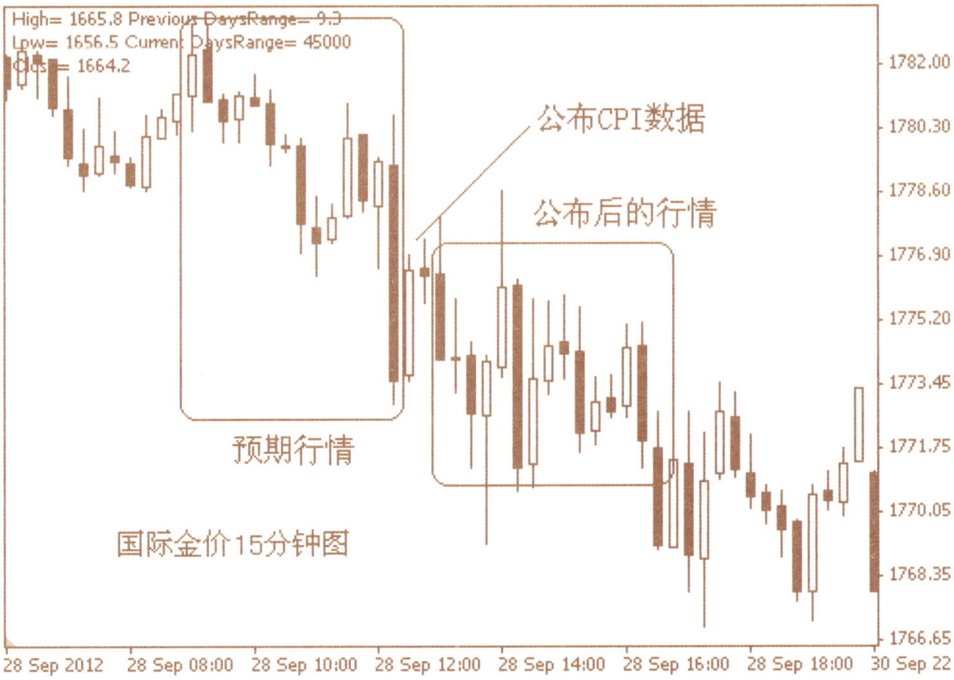

图 7－16　预期行情的交易价值（5）

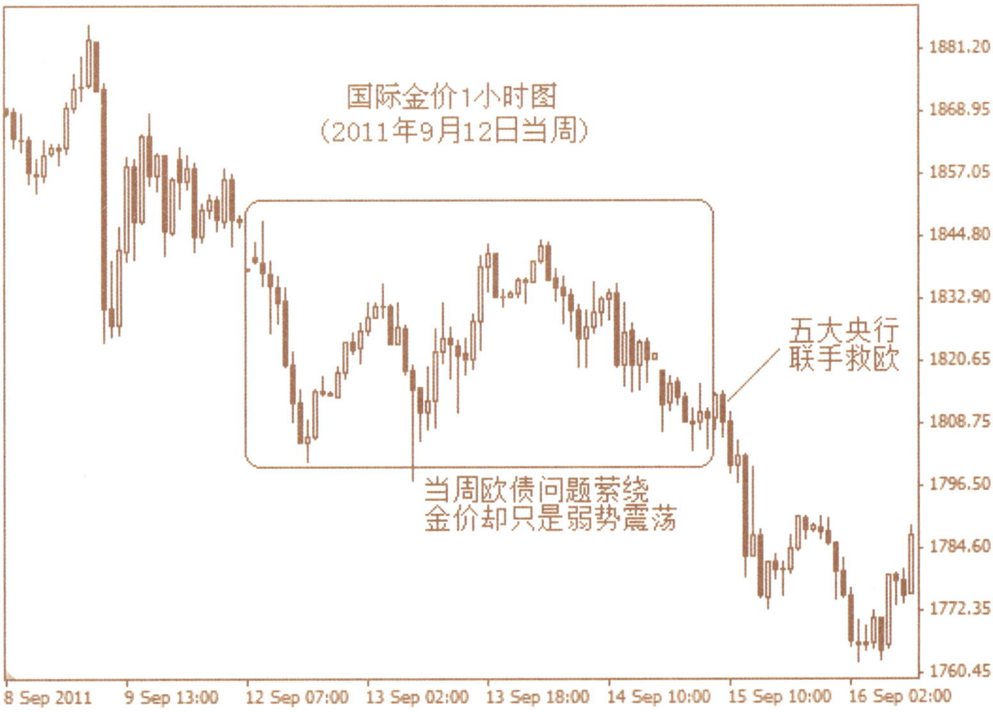

图 7－17　预期行情的交易价值（6）

这与股市俗语“利好不涨，必有大跌”是相似原理，不过俗语并没有让投资者理解其中的机理，从而让投资者滥用。因为心理过度会表现为“利好不涨，必有大跌”，但是“利好不涨”在不少情况下并不是因为心理过度，所以“未必有大跌”，甚至“未必会跌”。

最后通过两个综合的实例加强对预期行情的概念和各种预期行情的理解，体会为何要选择预期行情作为交易的主战场。

（1）2月16日出现两则突发消息：一则是伊朗宣称停止向欧盟供油，但伊朗官方很快就出来辟谣；另一则是美国报道伊朗核建设取得新进展。

这两则消息出现后，马上引发盘口异动，但在动态激昂之后很快回归沉寂，如图7－18所示。但已经引起了市场参与者的警觉。在相对平静的地缘政治环境下，这两个突发事件几乎不可能没有下文的。市场不会无缘无故地谣传伊朗停止向整个欧盟供油，更不会这么巧美国媒体高调报道该

图7－18　预期行情的交易价值（7）

国核建设取得新进展。因此，这两个事件的即时影响虽然方向不明，但是制造的市场预期却是非常清晰。

接下来的两天，银价大幅上涨。并且不出所料，2 月 19 日伊朗明确宣称停止向英国和法国供油。在此影响及进一步的心理预期下，银价展开第二轮持续上涨。第二轮上涨是由伊朗明确宣称停止向英国和法国供油的结果和产生进一步相应的预期共同推动的，但上涨力度明显不及第一轮上涨力度。所以可以推断，第一轮预期行情运行过度，而且消息面的结果是低于市场心理预期的。这时候就要警惕作为借口的利空基本面出现。

果然，在 2 月 22 日，伊朗宣布禁运面扩大至所有“未明确立场”的欧盟国家，这明显低于市场的心理预期。宣布不久后，银价快速回落，如图 7 – 19 所示。

（2）2010 年 8 月，美联储祭出 2008 年金融危机以来的第二轮量化宽松操作，6000 亿美元的流通量注入金融市场，金价展开持续的上

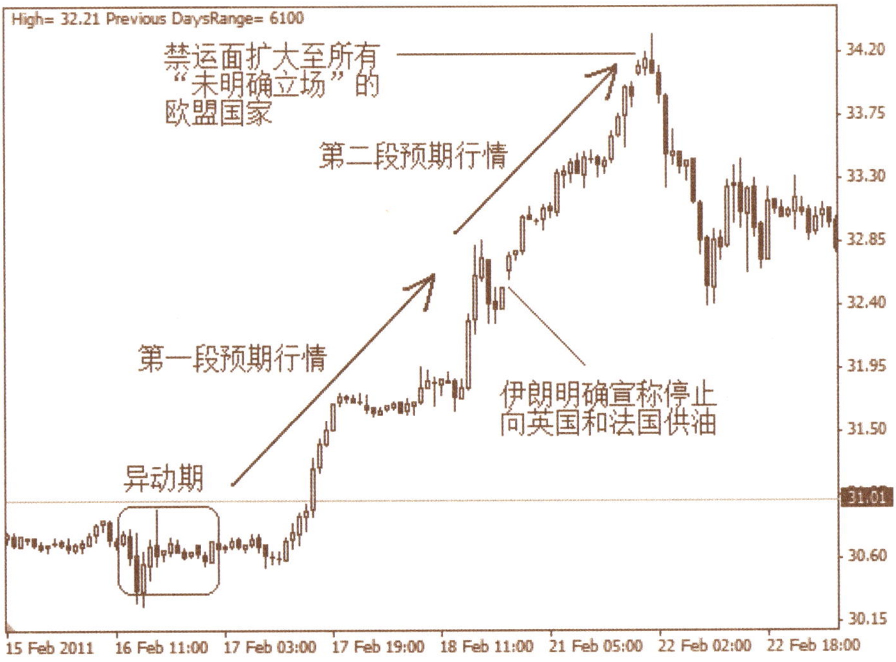

图 7 – 19　连续两段预期行情

涨。QE2 在 2011 年 4 月结束，当时金价从接近 1200 美元/盎司上涨至接近 1600 美元/盎司。但在 2011 年 2 月开始，几乎毫无改善的美国就业市场和经济以及美联储官员的暗示使市场燃起对 QE3 的预期，而且这种预期长期地持续下去。所以 QE2 流动性对金价的推动大致是 300 美元/盎司。

而以 1500 美元/盎司为起点，QE3 的预期行情目标应该在 1800 美元/盎司附近。所以金价在过度疯狂的多头人气推动下运行至 1920 美元/盎司之后，因为心理过度而震荡回落修正。2011 年 9 月下旬，美联储正式推出 QE3，而当时价位已经接近 1800 美元/盎司，因此金价无力继续上涨。而且因为流动性并不是一次性注入，而是每个月逐渐注入，所以金价再次步入向下修正的阶段，如图 7 - 20 所示。

图 7 - 20　一个宏观的预期行情实例

第八章　这些特殊的技术方法可以快速判断趋势和属性

前面章节说到判断行情趋势和属性并不是技术分析的主战场，现在用技术分析来“快速”判断趋势和属性。这是明知不可为而为之？还是自己打脸呢？

快速判断行情趋势和属性的技术分析方法，适合哪些投资者？

如果行情大涨，你还指望自己的空单能获利的话，这不是面对而是逃避。要学会苦中作乐，享受困境，欣然接受困境。如果市场告诉你，是时候止损割肉离场了，你就应该照做。

在开头部分曾经提及，虽然判断行情趋势和属性是基本面和心理层面的主战场，但是技术方法也并非对其一筹莫展，只是效果不及基本面和心理层面的分析。尽管如此，技术面研判行情趋势和属性却有着速度快的先天优势，对于参与交易时间不多，或进程安排紧凑的投资者来说，是“性价比”很高的一种选择。

第一节　最快速的趋势判断技术

我们并不缺乏判断趋势的技术分析方法，之所以技术指标有趋势指标和震荡指标两大类，以及存在一类趋势指标，就是因为投资者需要依靠技术判断趋势行情趋势。但为什么说技术分析在判断趋势方面力不从心呢？是因为趋势指标都普遍存在同一个致命的弊病，使其判断趋势的绩效不如人意。

以投资者最常用于判断趋势的两个趋势指标——MACD 和均线为例：

MACD 是反映行情强弱的指标，其两道均值线可以反映行情趋势。如图 8-1 所示，在行情波动幅度较大、波动规律变化不大的时候，MACD 的两道均线可以很好地反映行情趋势。

趋势指标的统一弊病就是，当遇上窄幅震荡或者波动规律较复杂的时

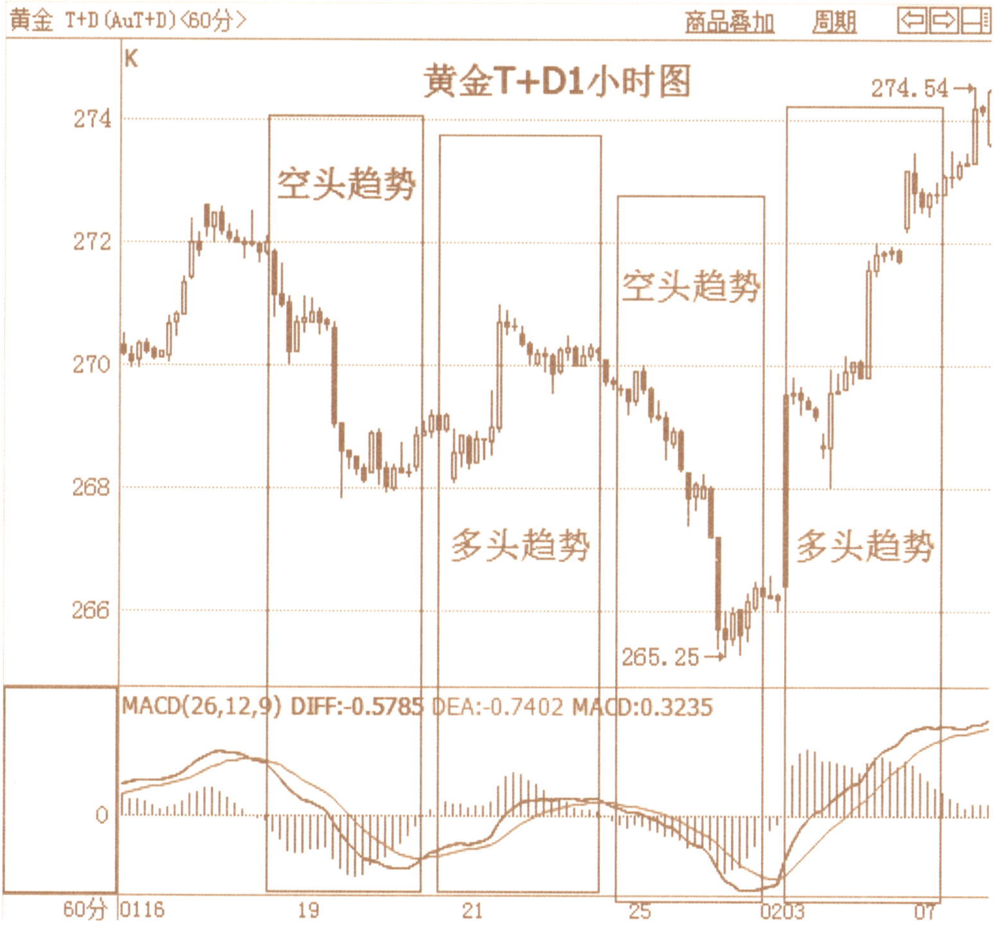

图 8-1 MACD 两道均线反映行情趋势

候，它们就会失灵，甚至频繁出错，MACD 也不例外。如图 8－2 所示，两均线交叉并不一定意味着趋势反转，在强劲单边行情或者波动不规则或者牛皮行情的时候，MACD 通常也会失灵。

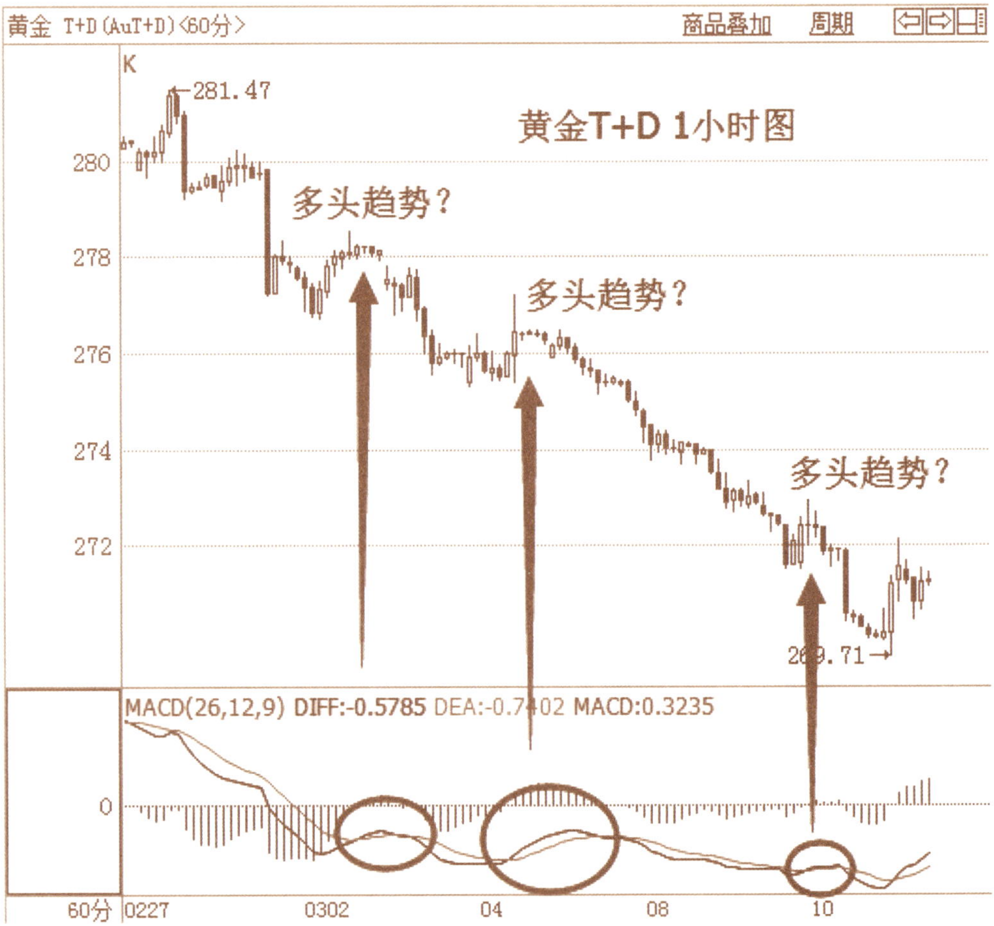

图 8－2　MACD 判断行情趋势的问题

再看均线，均线是比 MACD 更能反映行情根本的指标，但是它同样逃不过作为趋势指标的宿命。

一般时候，普遍认为均线多头排列的时候是多头趋势，空头排列的时候是空头趋势。这是很理想的情况，但是如果以此作为标准的话，在黄金 T＋D 市场和贵金属市场中恐怕一个月也难以等到几次交易机会。

如图 8－3 所示，这是遇到的最简单的情况之一，多头趋势中发生的种种回调，这时候多头趋势如何确认呢？究竟是不跌破哪一道均线，趋势才算保持呢？5 日均线下穿 10 日均线后，还是多头趋势吗？10 日均线下穿 30 日均线后还是多头趋势吗？5 日均线下穿 30 日均线呢？30 日均线下穿 60 日均线呢？5 日均线下穿 120 日均线呢？……

图 8－3　均线判断行情趋势的问题（1）

更糟糕的时候，很多时候均线形态是处于这种情况下的，如图 8－4 所示。

当然，不少投资者是有比较清晰的准则，例如以两道长期均线（60 日均线与 120 日均线）为基础，因为短期均线变化太频繁，遭噪音的折腾程度太严重。然而问题并没有解决，因为长期均线的弊病在于它虽然在几

图8-4　均线判断行情趋势的问题（2）

条均线中最可靠，但同时它把均线的延迟性缺点发挥到极致。

如图8-5所示，如果以长期均线作为趋势确认标准，那么确立的时候往往已经错失大部分单边行情，甚至面临趋势马上悄然转变的尴尬局面，如图8-6所示。

那么利用技术方法判断行情趋势的思路意味着行不通吗？当然不是。实际上，存在一种较为有效的趋势指标组合，这个组合由两个指标组成，这两种指标在西方国家使用比较普遍，但是国人使用很少。而这两个指标组成的系统对大多数投资者就更加陌生了。它就是前面简单介绍过的顾比复合均线指标和长期隧道所组成的三线系统。顾比复合均线组的原理跟普通均线相近，而分为长短期两个均线组的思想让它比均线更加精细，配合

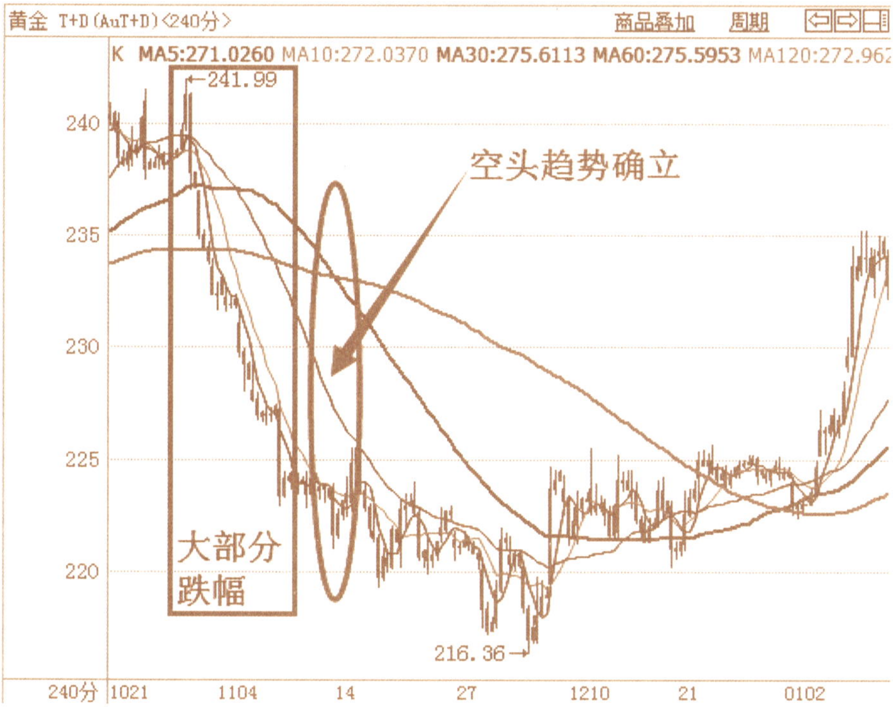

图 8－5 均线判断行情趋势的问题（3）

图 8－6 均线判断行情趋势的问题（4）

长期隧道可以更有效地克服不确定性的缺点，以及延迟性的缺点。使用三线系统判断趋势，比普通均线更容易确认，有更多的有效交易机会，比MACD等趋势指标更能抵抗牛皮行情或不规则行情的干扰。

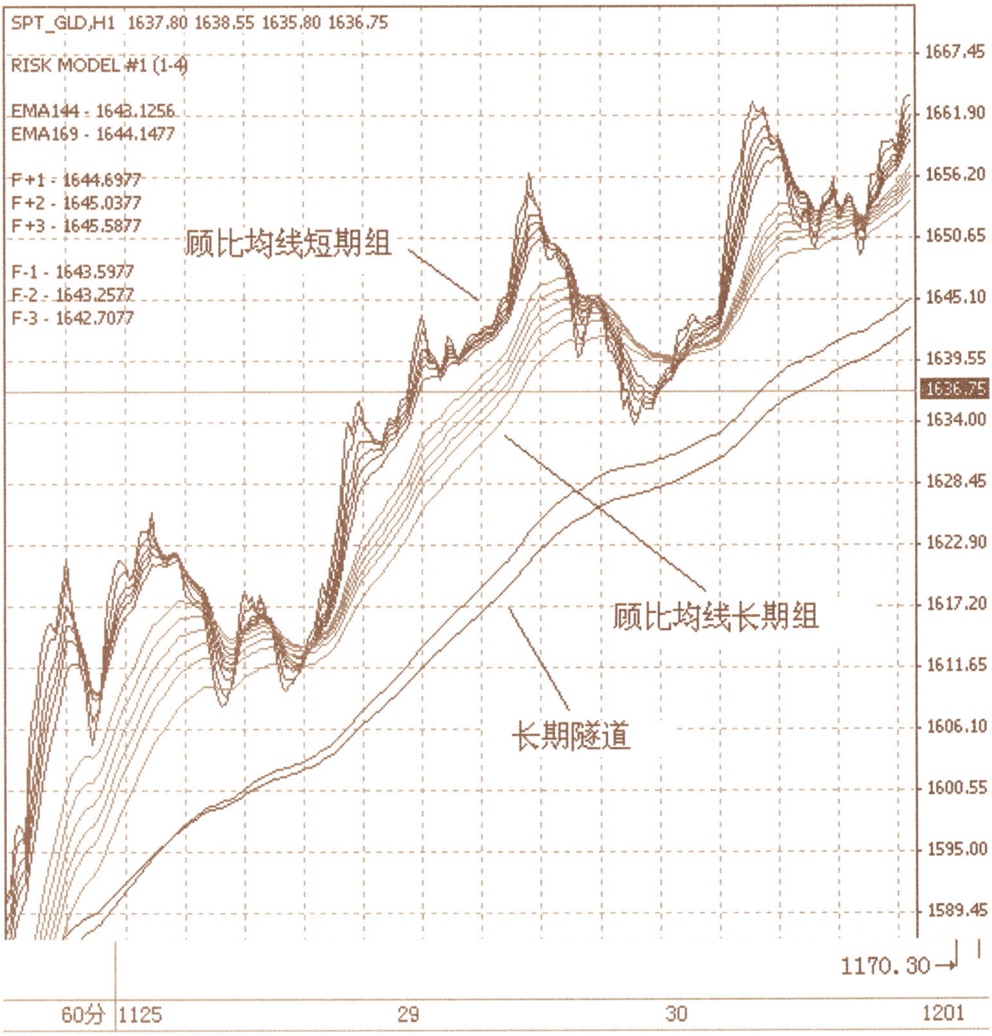

图 8 -7　三线系统模型

图 8 -7 就是在 MT4 下的三线系统模型。三线系统是技术分析方法里判断趋势最有效的一种方法之一。但是要重新强调一下，判断趋势并不是预测趋势。对技术分析来说，趋势永远无法预测，只能跟随，判断趋势的

方法只是对趋势的一种假设，找出对交易最有利的趋势方向。

三线系统判断趋势的方法主要有两步：

第一步，先观察顾比均线组与长期隧道的关系。

若顾比均线组在长期隧道上方，则初定为多头趋势，等待第二步确认；若顾比均线组在长期隧道下方，则初定为空头趋势，等待第二步确认；最后一种情况就是长期隧道处于顾比均线组内，则直接确认为无趋势（趋势不明朗）。

第二步，观察顾比均线组的长期组和短期组的关系。

若第一步初定为多头趋势，而短期均线组在长期均线组上方，那么就可以确认为多头趋势；如果短期均线组在长期均线组下方，那么就可确认为无趋势。

若第一步初定为空头趋势，而短期均线组在长期均线组下方，那么就可以确认为空头趋势；如果短期均线组在长期均线组上方，那么就可确认为无趋势。

这与普通均线判断方法相似，但是更加精细，而判定界限更加确定，趋势反转信号显著有效，抗噪效果也有很大的提升，是普通均线无法比拟的。

对于不同的交易周期来说，需要在相应不同的周期走势图上使用三线系统。对于日内交易来说，效果最理想的是选择在 1 小时走势图上使用三线系统。图 8 -8 是三线系统在国际金价 1 小时走势图上运用的实例。当多头趋势被破坏时，就进入无趋势状态。多头排列重新形成的话，就可以判断重回多头趋势。而若反向形成空头排列的话，那么就可以判断是空头趋势。同样的，当空头趋势被破坏时，就进入无趋势状态，直到新的趋势形成。

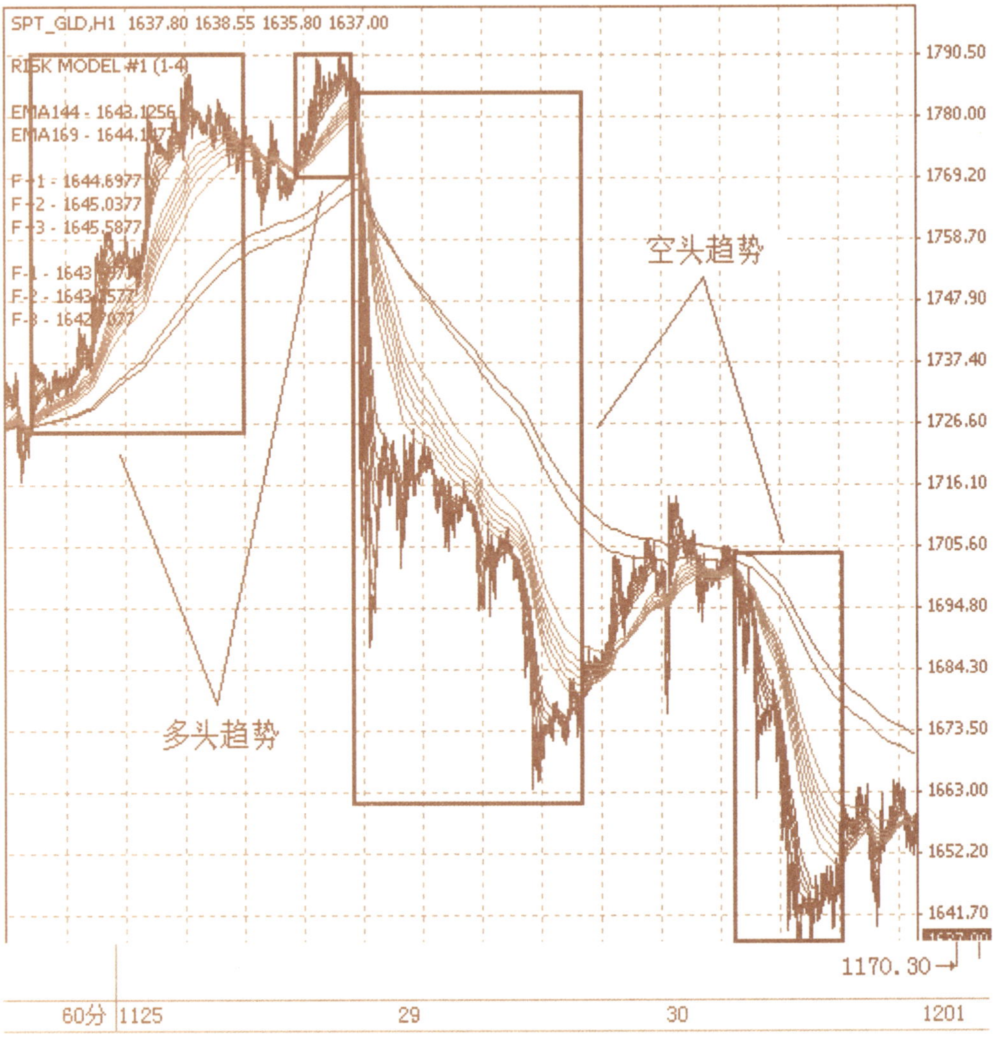

图8－8　三线系统判断行情趋势的规则

图8－9和图8－10分别展示实际行情中三线系统如何有效过滤回升假象，过滤不规则波动，帮助在分析和交易过程中明确行情趋势。而且这种技术方法在判断趋势方面同样拥有速度方面的明显优势。

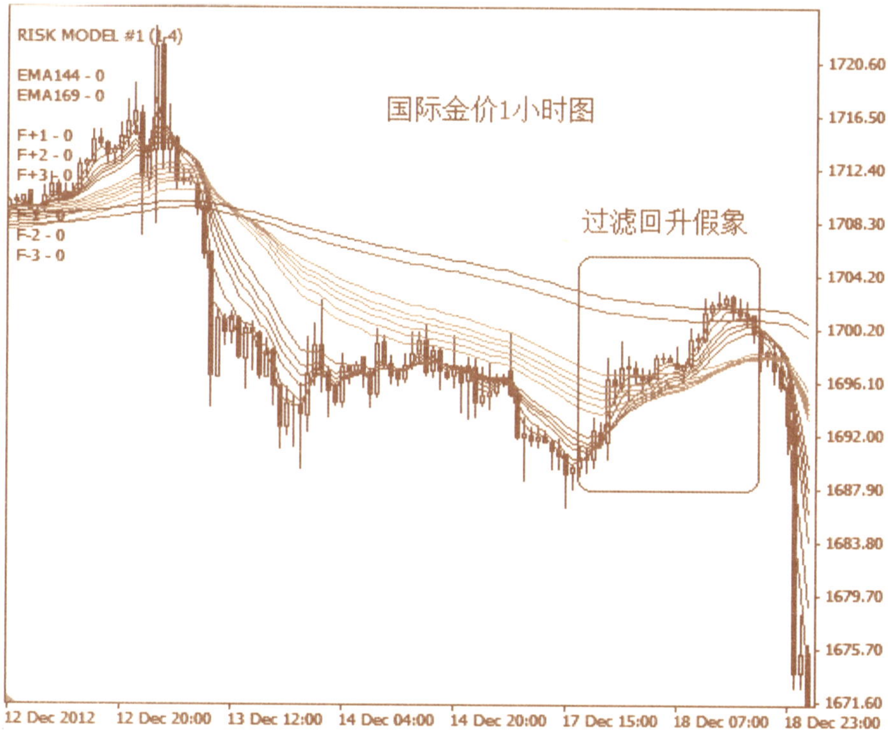

图 8－9　三线系统过滤回升假象（1）

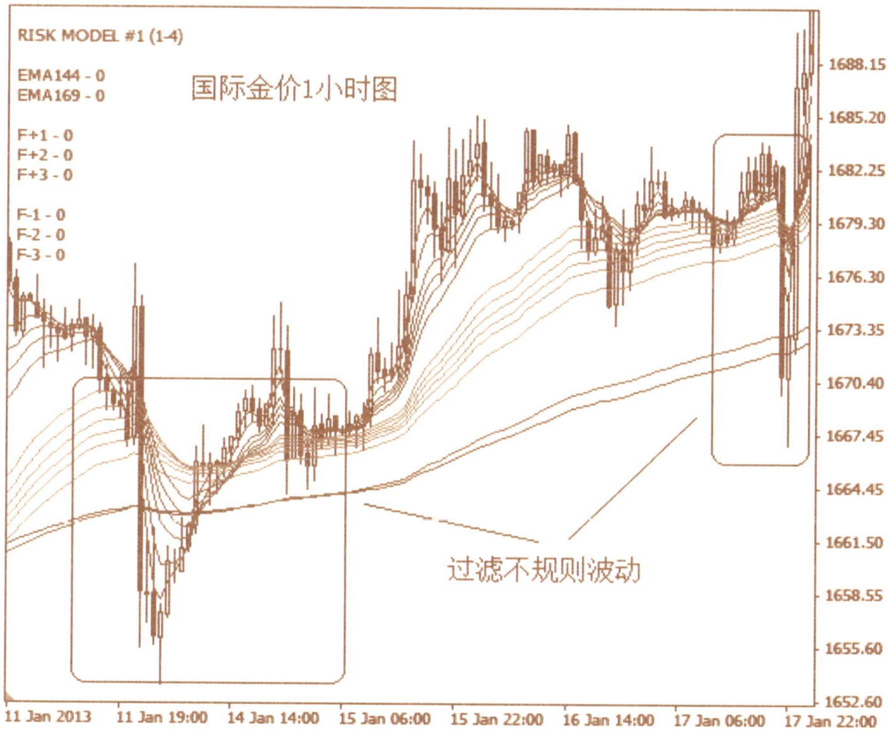

图 8－10　三线系统过滤回升假象（2）

第二节　最有效的行情属性研判技术

明确趋势可以让交易者在建仓方向上获得成本优势，而明确行情属性则可以让交易在持仓方面获得心理优势。明确行情属性可以对自己的持仓情况心里有数，避免持仓时常见的担忧心理，也可以在进场前明确如何进场、是否应该进场，同样这也适合于出场。

相对于趋势指标，判断行情属性的技术方法很少，使用者也不多。因为相对于趋势和进出场机会的判断，判断行情属性并不受投资者重视，而且判断行情属性本身就是技术分析的软肋。另外，判断行情属性的指标本身效果明显的就不多，所以更难吸引普通投资者。但正因为这样，这又是一般投资者的一个盲点，它的有效性就有了很好的保障。

谈到判断行情属性的指标，相信不少投资者会想到布林带。没错，布林带能够帮助你判断窄幅行情到单边行情转变的启动点，但除此以外，布林带更多的形态会让你在判断行情属性的时候无所适从。它可以告诉你现在的行情属性，但是不能告诉你下一个时段的行情属性。

判断行情属性的最有效、最根本的指标是真实波幅指标，即 ATR 指标。

上一节介绍的三线系统本身不但可以判断趋势，还可以判断行情属性。只是效果不及其判断趋势的时候。

三线系统是基于均线开发的，所以均线滞后性的缺点它有时也难以避免。如图 8 - 11 所示，第一个圆角方框的震荡行情和第四个圆角方框的单边行情，三线系统可以很好地判断出来。但是遇上 U 型行情和 V 形行情的时候，例如第二个圆角方框内的 U 型反转就会让单边判断在后半段出现失误，第三个圆角方框内的 V 形反转也会让震荡行情的判断出现一些险象。

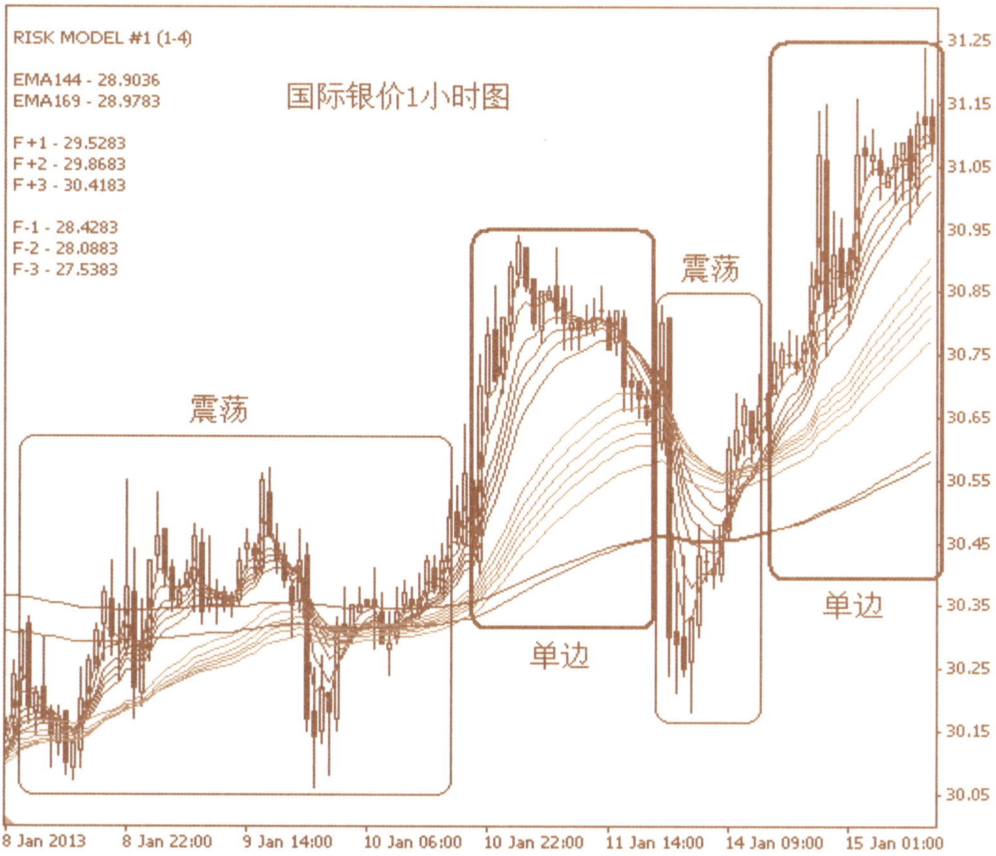

图 8－11　三线系统也难免滞后效应

图 8－12 所示的是一个把这种滞后性放大的实例。图中圆角方框内是三线系统判断的震荡行情波段。而很明显，这个波段实际上已经占了空头波段的一半跌幅，而且波段本身也接近单边波段。作为趋势判断，三线系统很稳健，也不会对交易造成损失。但是作为判断行情属性，这种滞后性就会影响到交易。实例中在相对低位进多的话就会面临很大的风险。

ATR 指标在灵敏度方面完全弥补了三线系统在判断行情属性上不足。ATR 是反映行情真实波幅的指标，在各大分析软件都有，不过知道的人不多，用的人就更少。它的原理是计算出短期内行情的真正幅度，而行情

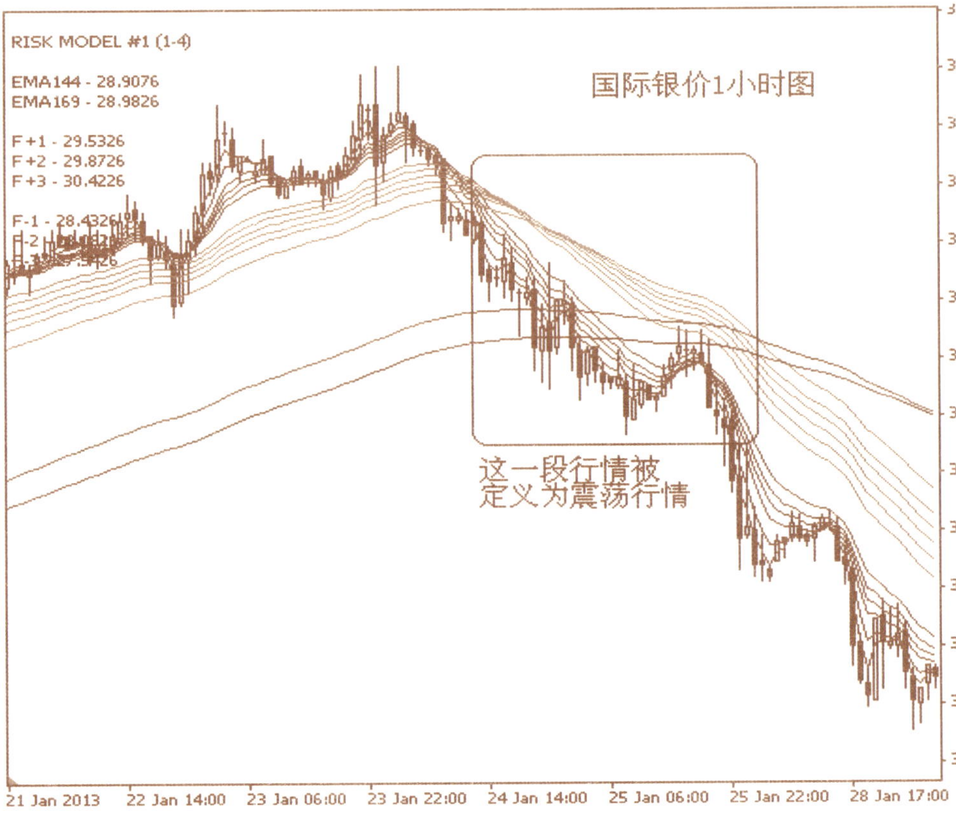

图 8－12　滞后性放大的实例

的总体运行幅度总是从大到小，再到大，这样交替运行。而总体运行幅度大，对应的往往是单边行情，少数是 U 型或者 V 形的大幅震荡行情；总体运行幅度小，对应的是小幅震荡行情。所以，ATR 可以用于判断行情属性。

然而，简单的 ATR 指标依然很难直接用于判断行情，图 8－13 所示的是原版 ATR 指标在实际行情中的情况。指标有两条线，快线是真实波幅，慢线是真实波幅的均线。真实波幅的波动非常剧烈，趋势性不明显。而真实波幅的均线则体现出较好的趋势。因此，在 MT4 里面的 ATR 指标是直接只显示真实波幅均线这一条线。不过，单根线容易出现一些无效的转折，虽然灵敏度足够，但同时容易出现误导信号。

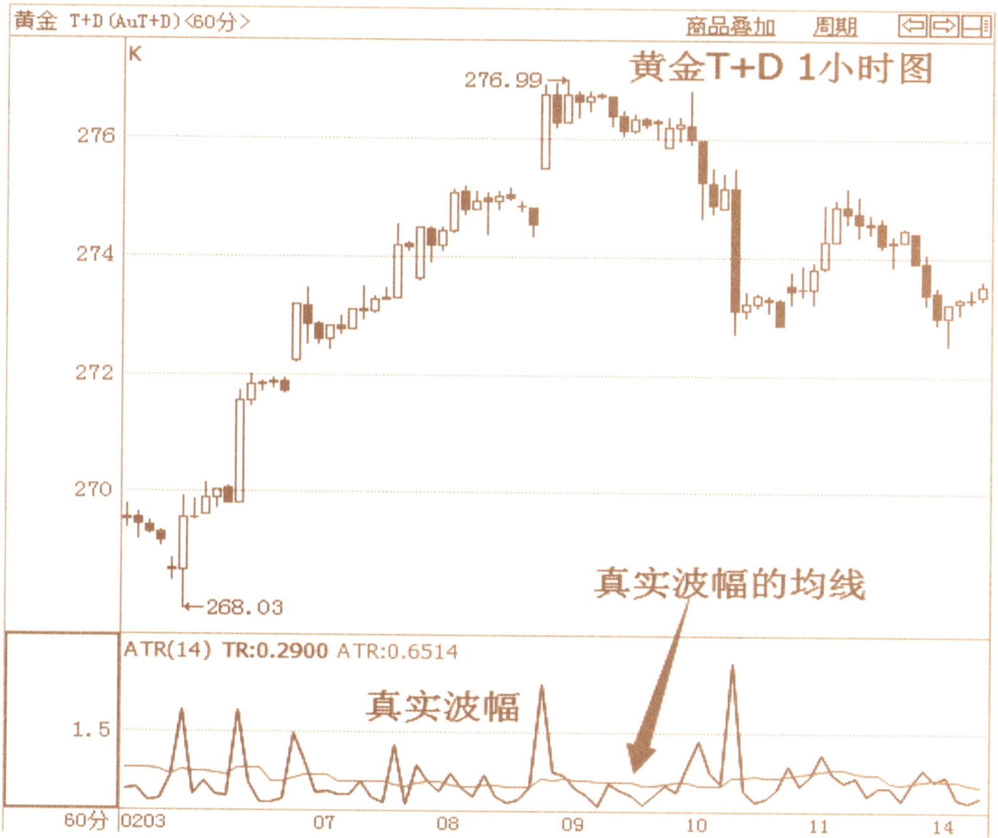

图 8－13　真实波幅 ATR 指标

因此，ATR 指标可以作这样的优化：把真实波幅线隐藏起来，然后给真实波幅均线再加一条均线。效果图如 8－14 所示。真实波幅均线的均线可以像 KD 指标那样筛选出真实波幅均线的转折。当真实波幅均线到达相对高点，就要向下穿过其均线，这是从单边向震荡过渡的信号。相反，当真实波幅均线到达相对低点，就要向上穿过其均线，这是从震荡向单边过渡的信号。

以博弈大师为例，ATR 指标的修改内容如下所示（把原代码改为以下内容）：

TR：＝MAX（MAX（（HIGH－LOW），ABS（REF（CLOSE，1）－HIGH）），ABS（REF（CLOSE，1）－LOW））；

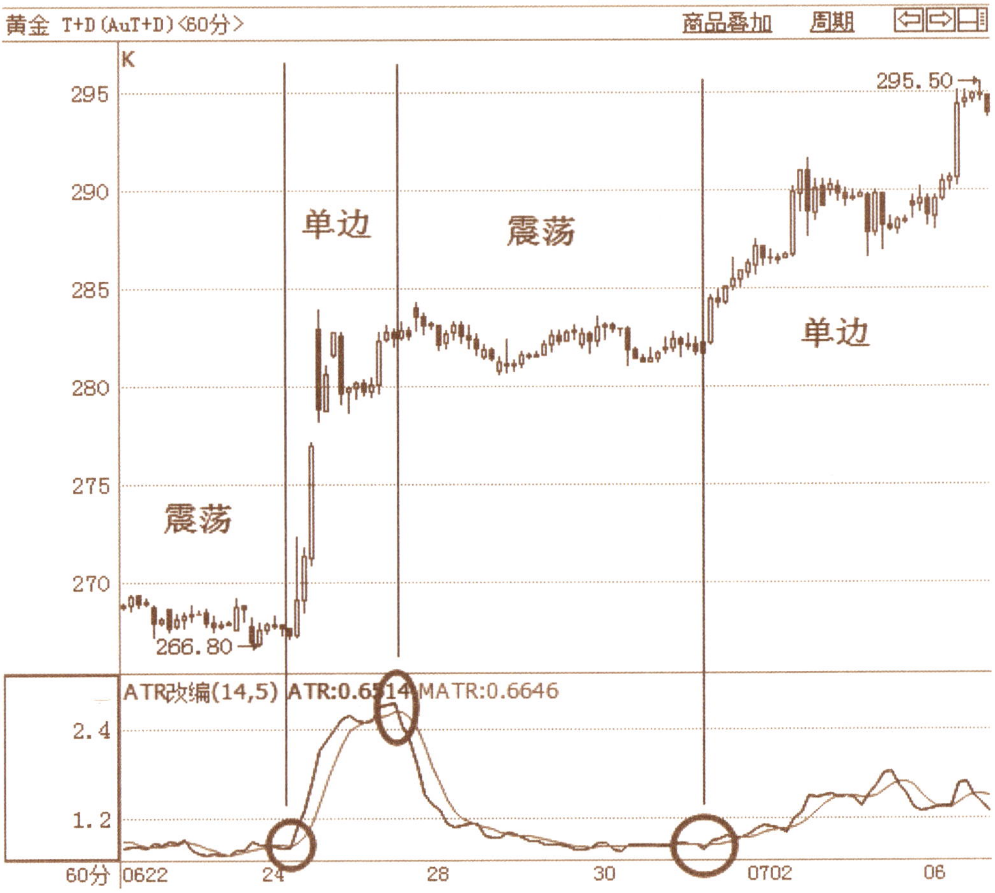

图 8－14　优化后的 ATR 指标

ATR：MA（TR，N）；

MATR：MA（ATR，M）。

参数设置方面如图 8－15 所示设置。

参数	名称	最小值	最大值	缺省值
1	N	1	300	14
2	M	1	300	5
3				
4				
5				

图 8－15　优化 ATR 的参数设置

这种改进后的指标与 KD 指标很相似，而用法则是以低位金叉作为小幅震荡向单边行情或者大幅震荡行情转变的信号，以高位死叉作为单边行情或者大幅震荡行情向小幅震荡行情转变的信号。这种改进后的 ATR 指标可以很好地弥补三线系统在灵敏度方面的不足，也不会像原版 ATR 指标那样过于灵敏，以至于无法捉摸。

但是以黄金为首的贵金属市场，作为全球市场，它们有一个有别于股票、期货等其他市场的共同特点，就是亚、欧、美三盘交替的波幅规律，基本上每天都服从亚盘小幅震荡、欧盘初步扩大振幅、美盘大幅运行的规律。所以很多时候改进的 ATR 指标就会表现得非常规律，在傍晚时段（17：00～21：00）低位金叉，在清晨时段（4：00～8：00）高位死叉，即使在单边行情中也不例外，这样在 1 小时走势图上的意义就会下降，如图 8－16 所示。

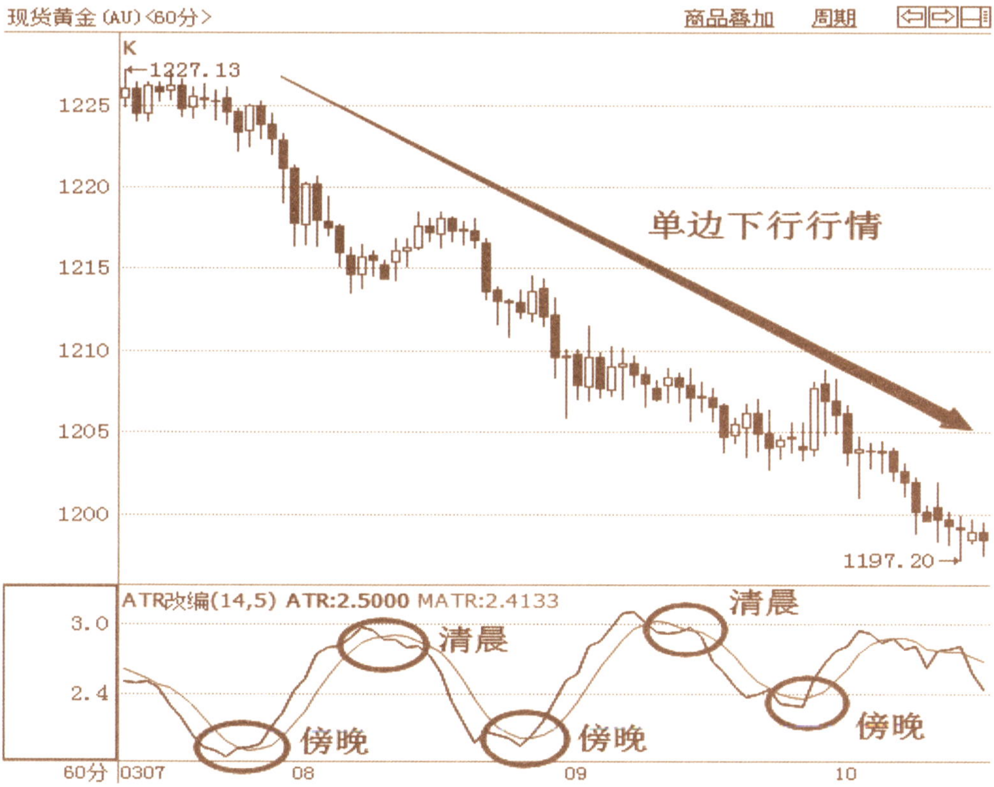

图 8－16　行情日常规律使 ATR 意义下降

尽管如此，也不是说改进的ATR指标在1小时图上就失去判断行情属性的作用，因为清晨和傍晚的时间跨度一般有5个小时，17：00进入单边市和21：00进入单边市的区别还是不小的，而且有时候低位金叉还会发生在23：00甚至凌晨。分辨出这种区别，对实际分析和交易的帮助还是很大的。

经常使用KD指标的读者可能会觉得它很容易会跟KD指标混淆，因为实在太相似了。笔者之所以把ATR指标修改成这样，原因除了把灵敏度调节到理想状态，还有一点就是刻意制造出与KD相似的形态。相信阅读过《白银投资技巧实战篇》的读者都会对KD趋势技术印象深刻——没错，把ATR指标修改成这种形态后，就是为了便于使用指标趋势技术。

图8－17　ATR趋势技术

如图 8－17 所示，这就是由 KD 趋势技术衍生的 ATR 趋势技术。在 1 小时走势中，ATR 可以定位出美盘时段单边或大幅震荡行情的启动点，但是定位的只能是相对的行情属性转折点。如果要定位大级别单边或大幅震荡行情的启动点，或者提示长时间窄幅震荡的牛皮行情出现，那么改进后的 ATR 指标也无能为力。

KD 趋势技术的精髓就是在于它能定位出大级别单边行情的启动点。而趋势技术运用在 ATR 指标上，那么对应的就可以定位出大级别单边或大幅震荡行情的启动点，或者提示长时间窄幅震荡的牛皮行情出现。

图 8－18 ATR 趋势技术捕捉大行情启动点（1）

下面以白银市场的一系列实例进行详细介绍。

（1）如图8－17所示，宽幅震荡中的银价在ATR趋势上破之后，随即拉开大幅单边下行行情，ATR的趋势上破点正好定位出行情的启动点。配合K线组合转折形态，可以轻松捕获一次快速而大幅度的获利机会。

（2）图8－18所示是一个类似的实例，不同的是这一波大幅单边行情不是常态的弧形转折行情，而是在挖坑诱空的底部直接启动。

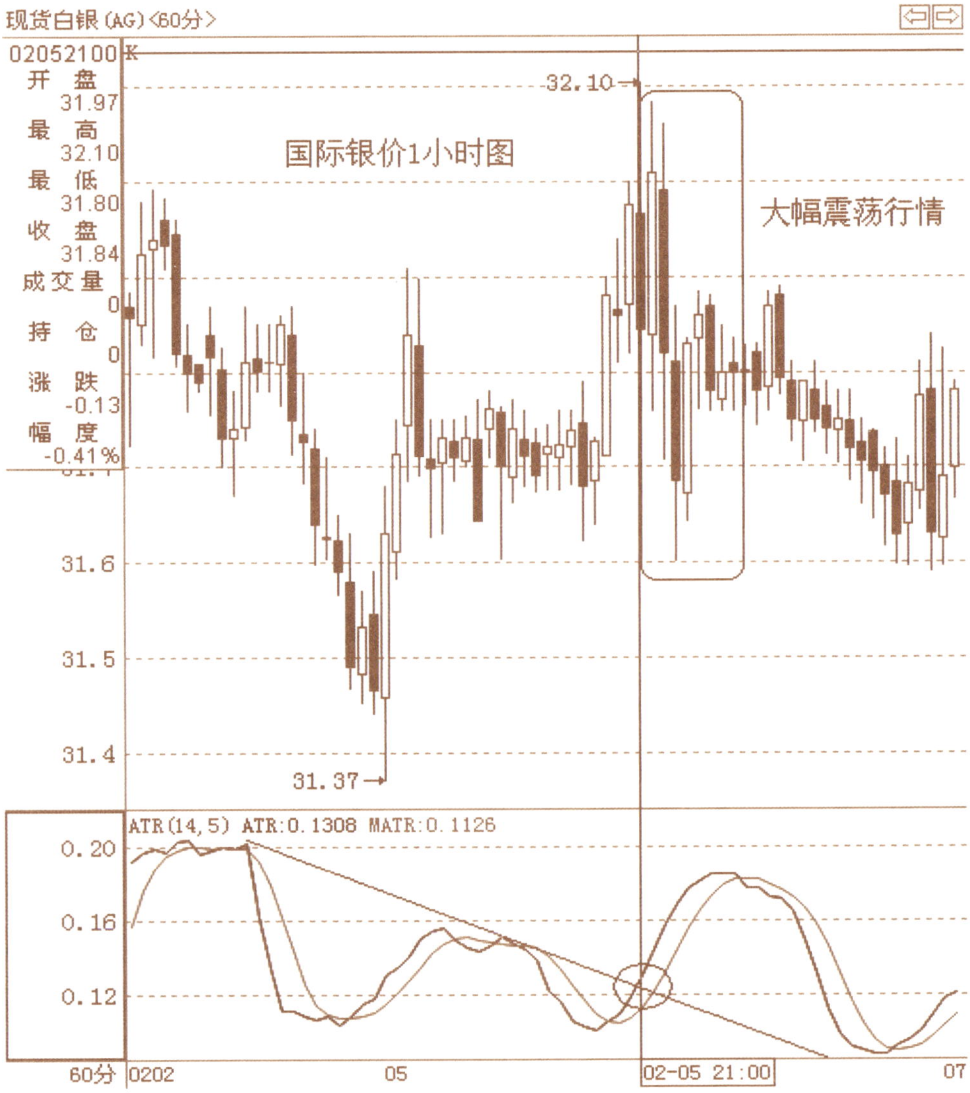

图8－19 ATR趋势技术捕捉大行情启动点（2）

（3）ATR 趋势的上破意味着波动幅度要快速增大，而波动幅度快速增大的表现并不一定只有单边行情，也可以是大幅震荡的过山车行情。所以，前面一直强调是“单边或者大幅震荡行情”，而不只是“单边行情”，这要特别注意的。如图 8－19 所示，这就是一个 ATR 趋势技术定位过山车行情的实例。

（4）图 8－20 所示的是 ATR 趋势技术定位一个更加剧烈的过山车启动点的实例。

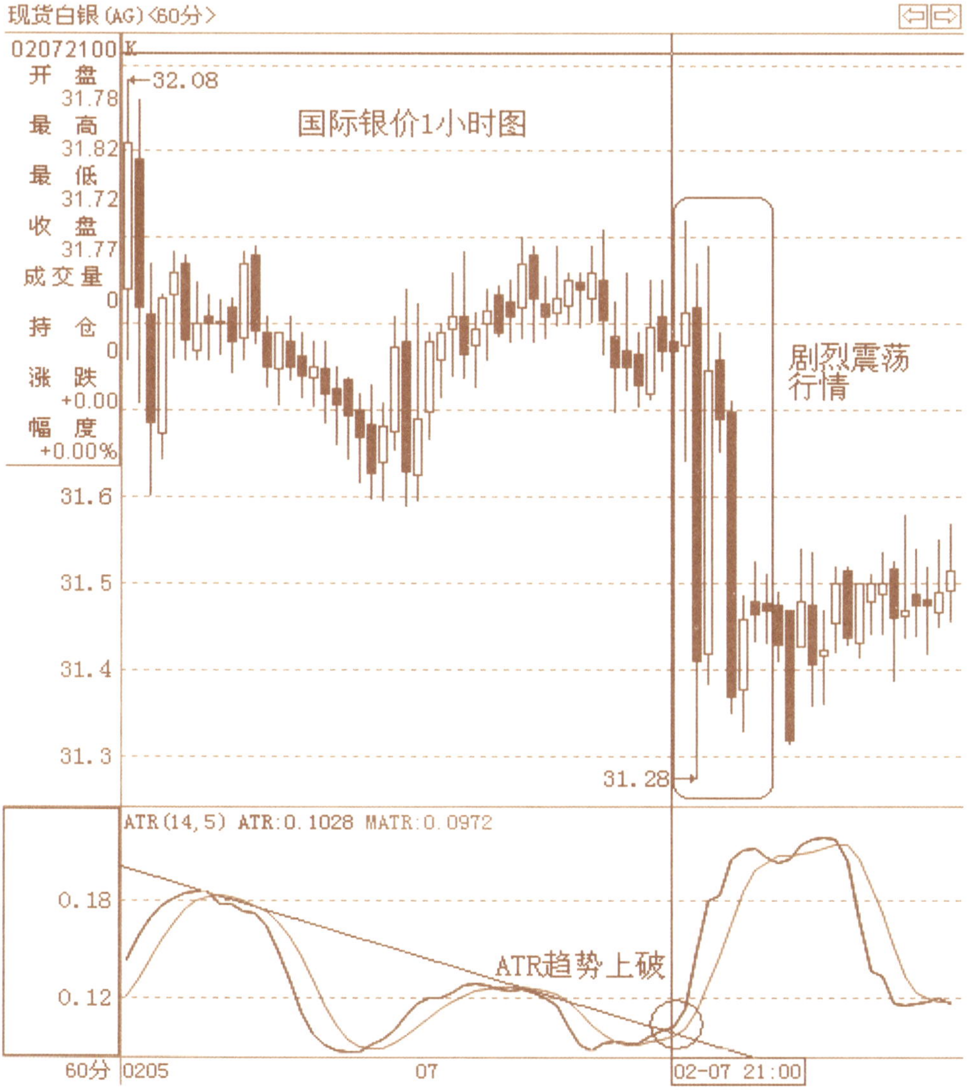

图 8－20　ATR 趋势技术捕捉大行情启动点（3）

从这4个实例来看，似乎有这么一个规律：ATR趋势上破点在北京时间23：00的话，即将发生的是单边行情；ATR趋势上破点在北京时间21：00的话，即将发生的是过山车行情。至于实际上是否真的存在这么一个规律，这个验证过程就留给读者自己了。如果这是真的，那么勤奋好学的读者收到的将会是一份无价的礼物。

图8－21　ATR趋势下破意味着行情进入牛皮阶段

上面是 ATR 趋势上破定位大行情的实例，像 KD 趋势一样，ATR 趋势也会有下破的时候。ATR 趋势下破，意味着 ATR 指标将较长时间处于弱势区，也就是说对应价格将进入较长期的窄幅震荡行情。如图 8－21 所示，ATR 趋势在 23：00 下破，这个通常应该要启动大行情的时点，ATR 趋势却下破，那么意味着，银价将要进入较长时间的一段窄幅震荡行情。

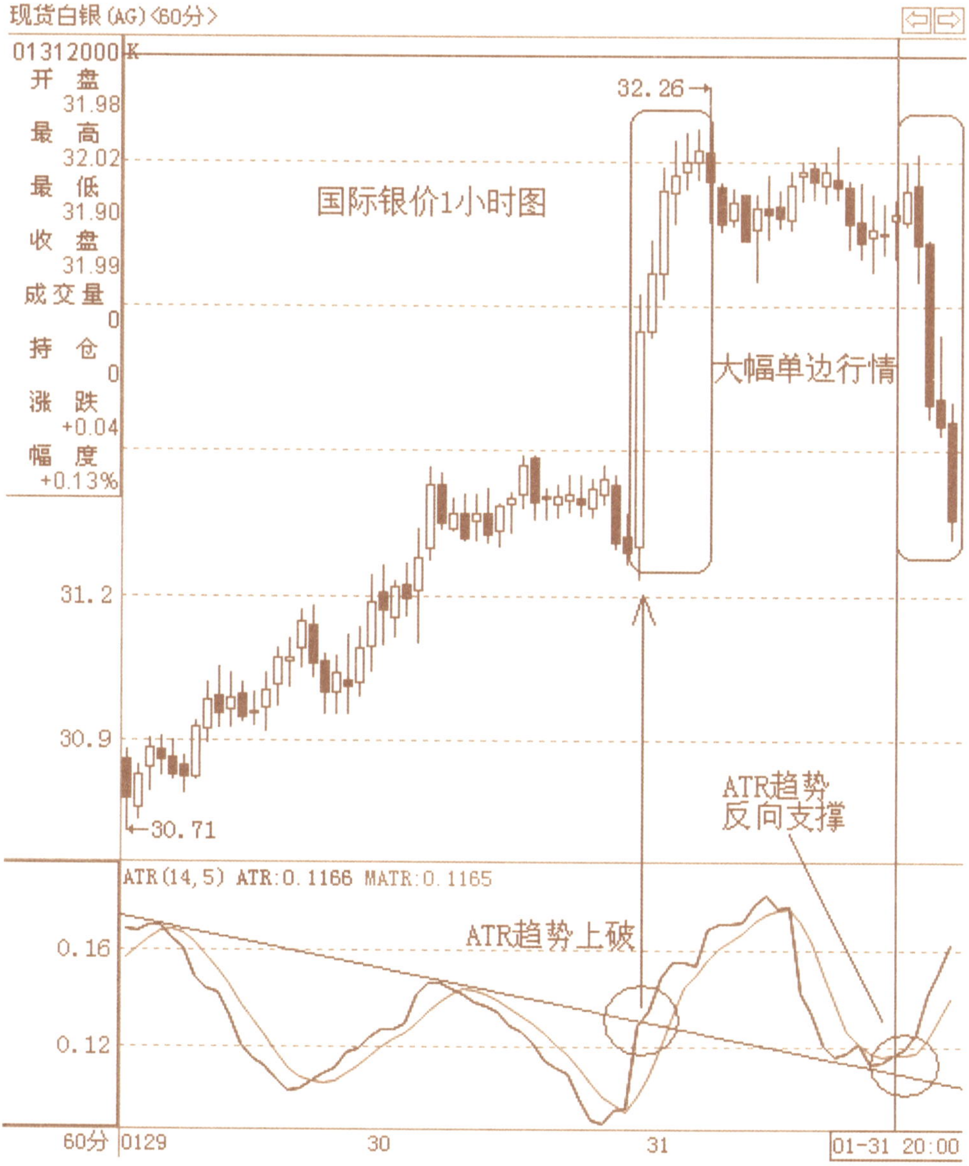

图 8－22　ATR 趋势延长信号同样有效

图8－22是一个进阶的例子，KD趋势有一种进阶应用是利用趋势线的延长段筛选出更强、更可靠的单边行情，同样在ATR趋势技术中也适用。当ATR趋势上破的时候，银价启动大幅度的单边上行行情。经过一个白天的震荡后，ATR均线回到下行趋势线的反向支撑上，适逢美盘行情启动，改进的ATR指标形成金叉，预测到有很强的单边行情出现。实际上，在22：00收盘形成向下吞没转折形态的时候就可以确定，单边行情是向下的。而这波单边行情是把前一晚银价整整1美元/盎司的涨幅全部回吐。

千万不要把技术方法判断行情趋势和属性当作行情分析的全部，它们只是行情分析的一部分。而且，技术分析的主战场并不在这两个方面。技术分析的主战场在系列丛书的《黄金白银T＋D短线投资攻略》中有详细介绍。